マインド
ワンダリング

さまよう心が育む創造性

Mindwandering

How It Can Improve Your Mood and Boost Your Creativity

Moshe Bar

著 モシェ・バー

訳 横澤 一彦

keiso shobo

本書は Bar, M. (2022). *Mindwandering: How it can improve your mood and boost your creativity.* Bloomsbury Publishing の邦訳版です。

日本語版の出版に向けて

「マインドワンダリング」についての私の論考が、今、日本の読者に届くということは、私にとって大きな喜びです。これは私の長年の悲願でした。この本には、日本の文化や日本の思想家（鈴木俊隆先生など）から着想を得たアイデアがたくさんあります。日本語版への翻訳が、私の親愛なる友人であり、尊敬する研究者である横澤一彦教授（カズ）の手によって行われたことを知り、私はさらに光栄に思っています。カズと私は25年ほど前、ロサンゼルスの南カリフォルニア大学の故アーヴィング・ビーダーマン教授の研究室で知り合ったのですが、それは私が大学院生だった頃で、カズが客員研究員としてやってきたのでした。その期間は、素晴らしい発見と友情の日々であり、その果実がこの本の中に散りばめられていることは間違いありません。それでは、私の本を読んで、あなたの心を謳歌してください。

モシェ

マインドワンダリング——さまよう心が育む創造性

目次

目次

私の両親、ヒラとアヴィへ

序論　心の状態

女優であり、シェイクスピアの愛好家でもあるケイティ・オズボーンは、セックス、性的嗜好、ADHDについて語る中で、従来とは異なる「倒錯的な」性行為に出会う前は、性行為の最中に気が散ってしまうことがよくあったと告白しています。『ハアレツ』（イスラエルの新聞）のインタビューの中で彼女は、「性的嗜好」と嗜虐的性向を発見したことは自分にとって浄化の瞬間であり、心と身体を結びつける手助けになったと語っています。目隠しをして、パートナーが氷を体の上に滑らせたり、熱い蠟を肌に垂らしたりすると、エアコンの音やベッドの軋みに気を取られなくなり、実体験に熱中するのだそうです。確かに、極端な体験は集中力を必要とするため、人を引きずり込みます。しかし、一度あなたを引き込む体験に身を任せることを学べば、もはや極端な状況下でなくても、その感覚を持てるようになるでしょう。ブルーベリーを食べることが、肌に熱い蠟を垂らす倒錯的な行為と同じように心の底から熱中できるものだとしたら、あなたの人生はどのように感じられるか、想像してみてください。熱中するということは、私たちの脳の中で待っているギフトなのです。

私たちはマインドワンダリングがどれほどしつこく注意力を奪ってしまうかを知っています。私たちの気持ちがかき乱されるにつれ、人々は自分の心的経験の質、つまり単に集中して仕事をこなす能力だけでなく、自分の人生を楽しみ、人生に心から深く関わる能力について、ますます心配するようになっています。数年前、私が寄稿した「Think Less, Think Better（考えすぎなければ、良いことが思いつくだろう）」という論説が『ニューヨーク・タイムズ』に掲載されたとき、人々がどれほど関心を持っているのかを知りました。その中で私は、「頭がごちゃごちゃしていると、世界についてだけでなく、自分の内面の可能性をどれほど見落としてしまうか」ということに触れました。この記事はとても反響が大きかったのですが、私が共有しなければならない重要な洞察には触れていませんでした。それは、なぜ私たちはマインドワンダリングを起こすのか、そしてマインドワンダリングには有害なケースもある一方で、私たちの幸福にとっていかに重要であるかということについてです。

喧騒から離れる方法に注目が集まっています。そしてそれは間違いなく評価されるべきことです。私自身、静寂瞑想リトリートを通じて喧騒から離れたことは、良い体験になりました。しかし、過去数十年にわたる神経科学の一連の発見が明らかにしたように、完全に静かな場所にいても、注意を乱し、経験の質に侵入してくる内なる雑念から自分を解放することは難しいことなのです。むしろ、静かな時ほど内なる雑念は邪魔してくるかもしれません。

研究により、私たちの脳は本質的に活動的であることが明らかになりました。デフォルトモードネットワーク（default mode network：DMN）としてつながっているいくつかの脳領域は、白昼夢から絶え間ない独り言、過去の反芻から将来の心配まで、神経科学者がマインドワンダリングと総称するさまざまな不随意の活動を続け、常に地道に活動しています。ＤＭＮを構成する脳領域として最もよく知られているのは、内側前頭前皮質、後帯状皮質、角回ですが、この巨大で大規模なネットワークの一部として、さらに多くの領域が関与しています。このような内なる興奮は、今この瞬間から私たちの注意を遠ざけるだけでなく、経験の質を低下させ、私たちの気分を低下させ、不安やうつ病を引き起こす可能性があります。しかし、一見したところ狂気の沙汰でも秩序があるのです。私たちはマインドワンダリングするように進化しているのは明らかです。さまざまな研究によると、起きている時間の30～47パーセントはマインドワンダリングにとらわれ、大量のエネルギーを消費しているそうです[1]。進化の論理からすれば、何か有益なことがあるに違いありません。過去数十年の間に、私や神経科学の研究者たちは、その重要な機能の核心部分を特定するに至りました。

ある研究では、基本的な活動の一部は、あらゆる種類の認知と監視を通じて、自己意識を発達させることに関係していることが示されています。別の研究では、ＤＭＮの活動のかなりの部分が、他者評価に関与していることが明らかになりました。この他者評価は心の理論（Theory of Mind：ToM）と呼ばれるもので、他者が何を考えているか、他者が自分のことをどう思っているかをまとめる活動です。

このような知見が出始めた当初、私はＤＭＮの活動に関する自分の発見が、これらの他の機能と一体どのように適合するのだろうかと戸惑いを覚えました。その後、全く異なる視覚認知に着目し、そのプロセスにＤＭＮが深く関わっていることを発見しました。私たちがどのように視覚環境の手がかりを組み合わせて、今見ているものを理解しているのかを解明しようとしているときでした。被験者に写真に写っている不明瞭な物体を識別するように依頼しました。その結果、たとえば浴室というレイアウトの中にあるドライヤーの不明瞭な画像を見せると、それをドライヤーと認識しますが、同じ画像を、たくさんの工具に囲まれた作業台というレイアウトに埋め込むと、それをドリルだと認識しました(2)。人は、対象となる物とその周囲にある物を関連付けることで、それが何かを識別していることがわかったのです。なぜ、連想活動に関わるのと同じ脳内ネットワークが、自己意識や心の理論の能力開発にも関わっているのでしょうか。

そこで、ふと閃いたのです。これらの心的活動はすべて、連想活動に含まれているのだと。研究によって明らかにされたように、私たちの自己意識は主に、異なる状況下で自分がどのように考え、感じ、行動するかを予測し、過去に同様の状況でどのように考え、感じ、行動したかを、現在および将来どのように行動するかに関連付ける形で形成されているのです。同じことが、他人に対する評価の仕方にも当てはまります。連想はほとんどの心的活動の構成要素です。

ＤＭＮのマインドワンダリングの多くが、私たちを現在から引き離し、過去や未来について考えることに関係している本質的な理由はここにあります。私たちは自分の人生で起きていること、これから起きるかもしれないことを解釈するために、記憶を検索して連想しているのです。私たちはあらゆる種類の予測をひたすら立てています。実際、ＤＭＮが活性化しているときに人々が何を考えているのかを調べてみると、しばしば将来の出来事について精巧なシナリオを描いていることがわかりました。これではＤＭＮに心的エネルギーが奪われるのも無理はありません。結局のところ、状況をどう解釈するか、自分が何者であるかを認識し、他者をできる限り理解し、どんな展開になるかを予測することは、人生を歩む上で非常に重要なことなのです。

しかし問題は、過去について考えたり予測したりすることに集中しすぎて、経験に基づく連想に依存するあまり、その瞬間に実際に起こっていることから遠ざかってしまうことです。このことは、集中を妨げるだけでなく、さまざまな誤解を招き、生活に支障をきたします。たとえば、ある人を見たときに、他の信用できない人を思い出してしまうことで、信用できないと誤解してしまうのです。また、上司の態度が自分に対する不快感を連想させるために、解雇されるのではないかという不要な不安を感じることもあります。また、過去や未来への拘泥は、物事に対する目新しさを感じなくなる原因にもなります。連想によって予想された認識に偏るあまり、予期せぬ関連性を見落としてしまい、発見と創造性の両方を妨げてしまうのです。

ＤＭＮとマインドワンダリングに関するこれらの知見を考察するうちに、画期的なことに気がつきました。すべてのマインドワンダリングを抑制したいわけではありませんし、そもそもそんなことは不可能だということです。その代わり、私たちがしたいことは、いつ、どのようにマインドワンダリングを起こすかをもっと意識することです。そうすれば、その活動を可能な限り自主的に制御できるようになり、腰を据えて仕事に集中したり、あるいは、その瞬間の体験に心から深く没頭したりできるようになります。また、創造性を高めたり、気分を変えたりしたいときには、なるべく心を解放し、広い範囲での心の散歩を楽しめるようにもしたいです。要するに、その時々に合った心の持ち方をしたいのです。

こうしたことができるようになるには、マインドワンダリングの多くが、過去の経験に関する記憶を活用し、仕事面や生活面における問題を解決する方法を見出す手助けとなることを目的としており、私たちの注意を内側に向けさせていることを理解することが重要です。しかし、私の研究室では、探索的で、様々な新しい事象に興味を示し、幅広い連想を行うマインドワンダリングを誘発できることを発見しました。このタイプのマインドワンダリングは、ある特定の事柄や心配事に焦点を絞って行う記憶の反芻の対極にあるようなものです。記憶の反芻は気分を低下させるという記事を読んだことがあったので、このような幅広く探索的なマインドワンダリングを行ったときに、気分が高揚するのかどうかを調査することにしました。結果は、大当たりでした！「オオカミ‐月‐狂気‐ピンクフロイド‐ザ・ウォール‐ドイツ‐ＥＵ」というように、ただ単に横に広がる単語の連鎖を読むだけで、気分が著しく前向きになるのです。この発見は画期的であると同時に説明も簡単で、私たちは現在、うつ病や不安神経症、ストレスに関連する症状の緩和に活用しています。さらに私たちは、人々の気分を改善することで、より広い範囲でマインドワンダリングを始めるかどうかという仮説を確認することにしました。すると、実際にそうなったのです！　驚くべきことに、因果関係は双方向にあるのです。このことから、もし人々の気分が高揚し、より広い範囲のマインドワンダリングを行うようになれば、私たちが課した課題に対しても、より創造的な解決策を見出すようになるだろうと推測されました。そして実際、そうだったのです！　この発見はとてもワクワクするものでした。そして、ここで説明するステップを経て、私たちの脳は探索型と活用型と呼ばれる2つの基本的かつ相反する心的状態の間を常に連続して動いており、心的活動がどの程度、どのようにマインドワンダリングを起こすかは、それぞれで劇的に異なるということに気づかされたのです。

探索的な状態では、私たちの心は新しい情報に対して前向き――つまり、その瞬間を経験し観察し、学習のために多少の不確実性を我慢することも厭わない状態――になり、私たちの創造性は高まり、気持ちも比較的ポジティブになります。もしその時にマインドワンダリングが起きるなら、楽しみながら、枠に縛られることなく行われることでしょう。一方、活用的な状態では、過去の経験を生かすことに集中し、状況の解釈や問題解決のために既成の方法に頼り、新しいことのスリルよりも慣れ親しんだことの確実さを好み、気分は比較的沈んでいることでしょう。もしその時にマインドワンダリングが起きるなら、それは比較的狭い範囲でのことでしょう。探索型は外向き、ボトムアップ型、体感重視型であり、活用型は内向き、トップダウン型、手続き重視型です。私たちの心は決してどちらか一方に偏っているわけではありませんが、ある瞬間にはどちらか一方をより好む傾向があるのです。

探索的な状態の方がずっと楽しそうですが、どちらも私たちの成功と幸福には欠かせないものです。大切なのは、どんな作業や経験をするときでも、できる限り、その状況に最適な心的状態(State of mind: SoM)を作り上げることです。たとえば、子供と一緒に休暇を過ごしているとき、私たちはできるだけボトムアップで幅広い経験モードに入り、仕事または古くさい定型処理に基づくマインドワンダリングに長時間引きずられず、子供との時間を十分に楽しみたいものです。また、もし明日の朝までに報告書を書かなければならないのであれば、トップダウンで、狭い範囲に集中するモードでいたいものです。新しいアイデアを探しているのなら、たとえばどんな製品を作ろうかと考えているのなら、広く連想を行うマインドワンダリングモードでいたいものです。

私たちの脳がどれほど柔軟であるかは、すでに多くのことが発見され、語られています。これは、私たちが進化し、あらゆる状況で生き残るための鍵であり、私たちがそのような柔軟でオープンマインドな脳を持っていることは幸運なことだと言えます。確かに、心的状態をコントロールするための魔法のような方法はありませんが、私は、自分が置かれている状況に応じて、探索型と活用型の連続体の中で自分の心の状態を調整しようと意識することで、次第にそれができるようになることを発見しました。私は、神経科学の研究者たちとともに、このような発見をするために旅してきた爽快な知的行程を、ここで再現することを目指したのです。しかし、心的状態を思い通りにする能力をもっと高めるための考察をいくつか紹介したいとも思っています。これらの考察の一部は付録で整理されています。付録は過度に具体的な指南書として提供しているわけではありませんが、日常生活でこれらを適用することは、発見と調整のための個人的な探求になるかもしれません。

私にとって大きな助けとなったのはマインドフルネス瞑想です。ここでは、静寂リトリートでの経験が、自分の心の状態に対する意識を高め、意図的に心的状態を自分の望む方向に誘導するのに役立ったことをお話しします。また、私たちの心的状態を最適化する上で、瞑想や高度なマインドフルネスを身につけることにどんな制約があるのかもお話しします。その最たるものが、多くの人がマインドフルネスのトレーニングを不快に感じるということです。私の研究は、その理由の一つを明らかにしました。瞑想は極めて狭い範囲での精神活動です。つまり、広く連想を行うマインドワンダリングとは対極にあるものなので、ある意味、楽しめないというのは理にかなっています。さらに、マインドフルネスを常に厳しく自らに課すと、私たちは自分の人生の観察者になってしまい、人生を生きることに完全に関与することが難しくなり、経験の奔流に没頭することができなくなるのです。マインドフルネスには多くの利点があり、私はすべての方々に少なくともそれを試してみることをお勧めします。ただ、私たちは生きていく中で、ある瞬間に起きた何かに完全に没頭する時間を持ちたいと強く思ってもいるのです。

コントロールできるようになったとはいえ、望まないタイミングでマインドワンダリングを起こすことは多々あります。私たちの心は、いつもある程度はそうなってしまうのです。マインドワンダリングの研究から得られた大きな収穫のひとつは、なぜそうなるのかがわかったことで、そのストレスが軽減されたことです。つい先日も、スタンフォードから来られた、私がその仕事ぶりと人柄を高く評価している教授を、テルアビブのカフェにお連れしてランチをご一緒しました。会話の中で、彼は彼の考え方や生き方を完全に変えてしまうような言葉を聞いたので、それを私に伝えたいと言いました。ただ、その言葉が何であったかは記憶にありません。そのドラマチックな導入にもかかわらず、彼の話を聞いているうちに私は上の空になってしまったのです。何が起こったのかが分かり恥ずかしくなったので、彼には話を聞いていなかったことを伝えられませんでした。そのとき、私が何のコメントもしなかったことを、彼はさぞかし不思議に思ったことでしょう。それどころか、私はすぐに話題を変えてしまったのです。しかし、幸いなことに、私は自分の人生の中で興味深く思っている何かに関連したマインドワンダリングを起こしていたことを報告することができます。マインドワンダリングは不思議なものですが、少なくとも目的を持っているのです。

第1章　常にオンであるということ

脳活動計測装置が開発されるまでの多くの神経科学研究は、まるで骨相学（ビクトリア朝時代の人々は頭蓋骨の形からその人の性格を推測していました）のようなものでした。もちろん大げさな言い方ではありますが、これまで脳の内部メカニズムを研究する場合、言語と記憶、顔の認識と感情など、脳の中の異なる領域がそれぞれ異なる作業を行うことが長らく前提となっていました。しかし次第に、脳の働きや構造は、モジュール化され区分けされているのではなく、大きなネットワークに分散していることが分かってきたのです。すべてではないかもしれませんが、ほとんどの機能は、複数の領域からなるネットワークの活性化と連携によって実現されているのです。個々の神経細胞はもとより、単一の領域も、近傍および遠方の領域間の協力なしには、大きな成果を上げることはできないのです。マインドワンダリングとそれを媒介する脳のデフォルトネットワークについては、様々な精神疾患と同様に、瞑想や睡眠などの心的状態の違いが、この巨大なネットワーク内の情報量だけでなく、皮質ノード間の結びつきの程度にも影響を与えることは注目に値します。ネットワークを構成する異なる領域は、様々な状況で接続が強くなったり弱くなったりし、かつ互いに同調し合ったり、様々な割合で影響し合ったりする可能性があるというのです。このように、脳はその活動や性質において、広く動的で柔軟であることがお分かりいただけたかなと思います。

しかし、最も基本的な神経機能でさえも、解明にはほど遠いのが現状です。私は学生時代、コンピュータビジョン開発のパイオニアであるシモン・ウルマン教授の研究室で衝撃を受けつつ、このことを学びました。当時、私は「エンジニアになれ」という父の野望を叶えようという甘い考えで、電気工学の勉強を終えたばかりでした。しかし、すぐに回路設計にはまったく興味がないこと、そして、その分野で唯一私を魅了する研究分野はコンピュータビジョンであることを知りました。この分野の目的は、人間の脳が画像を表現し認識する方法を模倣することでしたが、30年前の当時は、それがどのように実現されているのか、誰も明確なアイデアを持っていないことを知ったのです。これはとんでもないと思い、まだまだ勉強不足にもかかわらず、熱意をもってウルマン先生にそのことを訴えました。すると彼は「脳の働きがいかに複雑であるか、君もすぐに理解できるようになるだろう」と答えてくれたように記憶しています。その通りでした。残念ながら、脳が画像を認識する仕組みについては、限定的な裏付けを持つ興味深い理論があるに過ぎず、確たる知見はまだないのが実情です。

幸運なことに、彼の研究室での研究のかたわら、もう一人のパイオニアであるアーヴィング・ビーダーマン先生（訳者注：親しみを込めて、アーヴと呼んでいました。２０２２年永眠）の認知心理学の研究室でさらに幅広く活動しているうちに、より生産的で興味深い新しい研究分野への扉が開かれ、私はそれを追究するためにその研究室を後にしたのです。ｆＭＲＩ（機能的磁気共鳴画像法）という、脳を研究するための新しい方法が発明されたばかりだったのです。磁場と高周波を利用して生体組織、骨、臓器の構造を画像化するＭＲＩ装置自体は、その時点で数十年前から存在していましたが、主に医療関係で使用されていました。しかし、「ｆ（機能的な）」ＭＲＩは、神経科学者が待ち望んでいた画期的なものでした。ｆＭＲＩの機能的特性は、血流を測定することで、脳の活動がいつ、どこで行われるかを推定することができるというものです。被験者を磁石の中に入れて、絵を見たり、音を聞いたり、羊を数えたりしてもらうことで、脳活動のマップを作成することができました。人間の脳が正常に動いている様子を見ることができるようになったのです。測定されるのは脳の活性化ではなく、間接的なものであること、データの解釈にも主観が入りうることなど、いくつかの注意点はもちろんありますが、それでも画期的です。私たちは、まるで夜の森で懐中電灯を持ったハイカーのように、心の小径の中を歩き回っていたのです。そして間もなく、ニューロイメージングによる最初の実質的な発見に出くわしたのです。

脳のデフォルトモードネットワークの発見

爆発的な広がりを見せる研究に興奮した私は、ハーバード・メディカル・スクールに身を置きました。そこでは、ケン・クワン、ブルース・ローゼン、そして共同研究者たちが最も重要な研究を行っていたのでした。このとき、私は幸運なタイミングに恵まれました。ちょうどその頃、重大な発見がなされたからです。ニューロイメージングが、脳のデフォルトモードと、日常生活におけるマインドワンダリングの頻度の発見に繋がったのです。

ｆＭＲＩの登場が画期的だったのは、動物の脳からの類推で妥協する必要がなくなったこと、死後の脳で我慢する必要がなくなったこと、頭部や脳の損傷（有名なフィニアス・ゲージの頭部損傷やスペイン内戦での銃創など）から健康な脳の働きを推測する必要がなくなったこと、脳手術中（またはその前）の患者から記録できるものに限定する必要がなくなったことなどが挙げられます。その結果として、神経活動の活性化マップとして撮影された美しい色彩の画像が生まれたのです。

ｆＭＲＩの研究で見られるカラフルな脳の活性状態は何かというと、通常、２つの異なる実験条件による脳の活性化を差し引いた結果です。たとえば、感情処理に関する研究、特に幸せな顔を見たときと悲しい顔を見たときを比較して、脳内で何が起こるかを調べる研究があるとします。参加者（以下、被験者）は、スライド式のＭＲＩベッドの上で、大きなケージ（高周波コイル）を頭に巻き、装置から大きな高周波ノイズが出る中、低温の中でじっと横になり、スクリーンに映し出されるものに注目するように言われます。ｆＭＲＩ信号は呈示試行ごとに測定されます。一方の条件（幸せな顔）の試行で得られた脳活動の平均値を、他方の条件（悲しい顔）の試行で得られた脳活動の平均値から差し引きます。つまり、たとえば赤色で示される脳領域は幸せな顔が悲しい顔よりも強い神経活動を誘発した領域であり、青色で示される領域は悲しい顔が幸せな顔よりも強い神経活動を誘発した領域です。そして、これらのマップを用いて、根底にある神経細胞のメカニズムについて、新しい推論を試みるのです。

実験条件（この例では悲しい顔と嬉しい顔）の間には短い休息時間があり、通常は空白の画面か、中央に固視点がある画面が表示されます。これは、ＭＲＩ信号の解析のために時間が必要なためと、被験者に休息を与えるためのものです。ここで重要なことがあります。休息時間中の脳が活動していないとは誰も思っていませんでしたが、被験者が休んでいるときや難しい課題を行う必要がないときは、脳はあまり活動していないということが暗黙の前提になっていたということです。休息時間中の脳の活性化マップを偶然見て、実際には特定の課題がないときには脳が極めて活発に活動しており、しばしば実験条件下よりも活発に、信頼性の高い方法で、ＤＭＮ（default mode network）という大規模なネットワークで活動していることに研究者たちが気付き、画期的な発見につながりました。

この偶然の発見に関する研究は多くの研究者によって行われていたものの、マーカス・レイクルとその同僚によるものとされることが多いです[1]。この発見以来、このネットワークは「デフォルトネットワーク」、脳のこの活動は「デフォルト活動」、この状態は「脳のデフォルトモード」と呼ばれるようになりました。このデフォルトネットワークは、多くの研究室、実験パラダイム、ＭＲＩ装置で容易に確認され、追試が行われてきました。そして今では、確固たるものとして受け入れられています。

ｆＭＲＩの登場初期には興奮がありましたが、今では、ｆＭＲＩが測定するものと報告されるものは直接的な活性化ではなく、常に一貫性があるわけではないことが明らかになっています。感度の異なる機械で実験を行い、実験ごとにパラメータが変わる可能性があり、解析段階では異なる強味や弱味を持つ多くのアプローチが存在するように、私たち神経科学者が実験をデザインした瞬間から分析の限界に至るまで、歪みが入り込むかもしれない多くの段階があるのです。実際、ｆＭＲＩ研究に対する健全な懐疑論は、70の独立したグループが全く同じデータセットを解析したところ、異なる結果が報告されたという最近の研究で頂点に達しました。[2] このことは、ニューロイメージング研究とそれに付随する主張に触れる機会が増えている現在、心に留めておくに越したことはありませんが、今回の話の中ではあまり気にする必要はないでしょう。ＤＭＮの存在と一般的な挙動については、誰も異議を唱えません。ＤＭＮは巨大であり、遍在しており、極めて高い再現性を持っています。私たちは、脳のデフォルトモードネットワークの機能と特徴を理解するための努力を続けることができるでしょう。

ＤＭＮの発見はセンセーショナルでした。神経活動は非常にエネルギーを消費します。脳は何もしていないと思われるのに、なぜこれほどまでに代謝エネルギーを浪費するのでしょうか。私がハーバード大学にポスドクとして赴任したとき、ＤＭＮの機能を解明するための研究がちょうど始まっていました。脳画像と思考サンプリングという興味深い方法を組み合わせて、脳がマインドワンダリングに従事しているほど、ＤＭＮが活発であることを突き止めたのです。その後、この一見自然発生的な活動が果たすさまざまな重要な機能が解明されるまで、数十年の歳月を要し、さまざまな研究が展開されました。

神経科学者として成長するにつれ、私はこの魅力的な研究に対して２つの原理を信じるようになりました。１つ目は、進化は間違いを犯さないということです。私たちが脳で見るものにはすべて理由と機能があるのです。錯覚、様々な「見落とし」、プログラム細胞死、虚偽記憶、その他不可解で時に面白い発見は、人々が脳の誤作動を見つけたと思いがちですが、後になって、これらはより大きな力を様々な形で反映していることが判明したのです。脳がこれほどまでに柔軟で、適応性があり、機敏で効率的であるためには、それなりの代償を払わなくてはならないのです（実際、私は「なぜ人工知能のアルゴリズムは、人間の脳を模倣したような振る舞いをしないのか」と聞かれたとき、「神経科学というより、まだ工学的な分野だからだ」と答えています。目標を達成する方法について厳格な境界線を設け、例外や即興をほとんど考慮せずにコンピュータにタスクを実行させるため、人工システムは人間の脳におけるやや暗黙的だが計り知れないほど重要な側面を欠いています。たとえば、柔軟性や創意工夫がそれにあたります）。つまり、ここまでの話を踏まえると、行列に並んでいるとき、シャワーを浴びているとき、退屈な話を聞いているときなど、特定の目標に追われていないときに脳が活発に活動していることがわかれば、この活動がかなりのエネルギーを消費していることがわかり、この活動が何らかの重要な役割を果たすに違いないとわかるはずです。

２つ目の原理は、若くて素朴なポスドクの頭の中で生まれたものですが、今でも私の役に立っています。それは、脳は探究心の強い科学者には、常に真実を教えてくれるというものです。物事が意味をなさないのは、正しい質問をしていないか、正しい質問を適切にしていないからです。脳は通常、自ら進んで情報を提供することはありませんが、答えはそこにあり、私たちが到着するのを待っているのです。

常に「オン」の状態で働き続ける脳は、私たちが暇なときに何をしているのでしょうか。この先の章では、しばしば当惑させられながらも常にワクワクさせられる発見の過程や全く異質と思われた発見がどのように集約されていったかをお話しします。しかし、ＤＭＮとマインドワンダリングの目的を解き明かすこの旅に出る前に、まず私たちの考えを真剣に吟味してみましょう。

第2章　思考を結びつける

私たちは、思考するという行為についてそれほど考えていません。しかし、思考するという行為は私たちの精神生活、そしてマインドワンダリングの構成要素です。また、あるアイデアを基に、次のアイデアを取得する方法でもあります。それ以外にも言語的な特徴、視覚的な特徴などをもっています。また、進行が速かったり遅かったり、多くの異なる意味論的なトピックにまたがっていたり、私たちが知っていて記憶にとどめているものに基づいていたり、さまざまな感情価をもっていたり、脳内の会話として現れていることがよくあります。思考とは私たちの内面世界を意識の領域に伝えるインターフェースと翻訳の機能を持っており、外部とコミュニケーションすることもできますし、内部に留めることもできるのです。

思考の源泉

思考が特定の目標に向けられているとき、思考はプランと明確な構造に従っており、予測可能ではありませんが、それでも問題を解決するときのように首尾一貫した処理をしているのです。その目標に向かって、思考は積み上げられていくのです。計画を立てるという行為は良い例でしょう。家にある椅子を自分で直したいと思い、明日の朝、直そうと考えているとします。この時、接着剤、金槌、かんな、たがね、のこぎり、やすりなど、必要な道具を思い浮かべます。そして、記憶の中にある概念のネットワーク上を動き、関連性のあるもの、必要なものを拾い集めていくのです。新しい手袋が必要なことに気づいたあなたは、まず新しい手袋を買いに行こうと考えます。どこで作業をするか、修理に必要な手順の順番、椅子を使えるようにするための完全なシミュレートをして、みんなが出かけた後にどうするか、娘が帰ってきてお気に入りの椅子が直っているのを見たらどんな反応をするかなどを考えたりします。それは、始まりと終わりがあるつながりです。

しかし、私たちは連想力が高く、気が散りやすい性質を持っているので、上記のリストの「たがね」にたどり着いたとき、ゼペットやピノキオ、伸びる鼻、そして嘘について考え、息子が、犬を散歩に連れ出したと嘘を言って自分の怠け癖を隠そうとしていたことを連想することがあります。続けて、この犬（そして息子）が家族であることがいかに幸運であるか、この犬の遊び好きな態度や、毎日家に帰るときにいかに気分を盛り上げてくれるかを考えるのです。こうなると、その椅子を修理するというつながりに戻ってくることはないでしょう。

覚醒時の思考というのは、一つの長いつながりになっています。思考は、テーマ、スピード、スタイル、方向性、内容、その他の特徴が変わりますが、連続的に行われ、実質的に思考が中断されることはありません。

私たちの思考の源と、何が次の思考を決定するのかは、現在進行中の研究対象です。私たちは皆、自分の思考を完全に支配しているという感覚を持っていますが、この感覚は根拠のないものです。意識的な思考と無意識的な思考は混ざり合い、相互作用し、交換し、互いのプロセスを誘発します。私たちは自分の思考を内々には理解していると感じており、もし誰かに尋ねられれば、自分の思考がどこから来たのか、ある思考がその前後の思考とどのようにつながっているのかを教えられるだろうと思っているでしょう。私たちは、自分が自分の思考の所有者であり監視者であると信じていますが、あたかも思考の代理人であるかのような意識は正しくありません。昨晩読んだ記事のことを考えながら道を歩いていた筈が、突然、何年も会っていない高校時代の先生のことを頭に浮かべている自分に気づくことがあります。そしてその先生は1秒前にあなたが思い浮かべていたこととは何の関係もないように見えるのです。思考の代理人であるという意識が間違っていると言った理由は、ほとんどの場合、その思考が意識的な自己の知らないソースによって引き起こされたことを受け入れることができないということからきています。このため、代わりに関連性を捏造したり、突然湧いてきたのだと信じたりするのです。

しかし、思考は突然湧いてくるものではありません。それぞれの思考は何かとつながっていますが、そのつながりが私たちの意識の及ばないところにあるだけです。思考がつながっているということは、思考プロセスが常に首尾一貫しており、論理的に次から次へとつながっているということではありません。思考のつながりは、ガラスの割れる音や誰かに名前を呼ばれるといった外部からの刺激によって中断されることもあれば、感情的なことを思い出すといった内部のプロセスによって中断されることもあり、私たちはその中断に気づくこともあれば気づかないこともあります。たとえば、歩いている途中で、高校時代の先生が身に着けていたような特徴的なメガネをかけた人を見かけ、それがきっかけで高校時代の先生の記憶がよみがえったとしても、何がきっかけであったかをたどることはできません。おそらく、あなたの目がその手がかりの上をすばやく通ったために、そのきっかけが意識されなかったか、あなたが見た（あるいは聞いた、あるいは嗅いだ）ものが、頭の中で先生と関連していることを知らなかったためでしょう。だから、あなたは意図せず、またその理由も分からずに先生のことを考えていたとしても、あなたの心はつながりを保っているのです。

では、何の邪魔も入っていない真空の状態において、私たちの思考はどのような経路をたどるのかを考えてみましょう。記憶という巨大なネットワークを想像してみてください。そこには、名前、物、場所、概念、感情などがすべて連想によって関連付けられています。思考プロセスには、このネットワークの上を、あるノードから次のノードへ、あるコンセプトノード（アイデア）から別のアイデアへ移行するように、比喩的に歩く行為が含まれます。あなたの進路のすべてのポイントは、たとえすべての過程でそれを認識できなくても、前のポイントや次のポイントに繋がっています。これは網目状になっているので、すべてのノードであなたは通常複数の方向に進むことができ、あなたの心はそのうちの一つを選びます。たとえば、あなたが「休暇が必要だ」と思っているとしましょう。あなたが「休暇」というノードに立ったとき、「お金」の枝に進んで、休暇に行くことの経済的な影響を考えることもできますし、「楽しみ」の枝に進んで、気持ちを高めることもできますし、休暇に適した時期や行き先を具体的に計画する方向へ進むこともできます。一歩踏み出したびに、あなたの心はいくつかの可能性の中から次のステップを選択しなければなりません。意識的にではなく、熟考してでもないのですが、そうなってしまうのです。思考の連鎖の次のステップを決定するのは、あなたを様々な方向に引っ張る様々な情報源の間の小さな綱引きであり、勝つのはただ一つです。あなたのパーソナリティ（慎ましいかどうか、新しい経験に前向きかどうか）、心の状態、素養、最近の思考の履歴（1時間前に支払いを済ませたばかりなら「お金」の道に進む可能性が高いが、美しい島での休暇のコマーシャルを見たばかりなら、「楽しい」道に進むでしょう。これは「プライミング」と呼ぶ現象です）、あるいは「このすべてから逃げなければ」という道にあなたを引き寄せる深い潜在意識の力が、あなたの選択のために競うのです。

概念と記憶の網の目の各ノードは、同時に複数の他のノードに接続されていますが、これらの接続は同じ強さではありません。ニューロン間の接続には、連想の強さを表す「重み」があります。この重みの強さは、思考Aが思考Bを活性化する可能性、容易性、および迅速性を決定するものであり、あなたがAを見たり考えたりすると、次にBを考えることになります。これらの重みは、このリンクがどれだけ反復利用されているか（赤い信号がどれだけ頻繁に「停止」を意味するか）など、学習の質によって決まる場合もあれば、印象に残った出来事によってプライミングされたことで保持された、特定の連想によって、動的にあるいは暫定的に決まることもあり得ます。

思考の活性化は、歴史的な背景や、潜在意識の力や、連想の強さなどといった、決定論的な要因によって起こることを知らないと、自分の思考を完全に支配しているという誤った考えや、それに伴って、自分が自由意志を持っているという勘違いをし、日常で多くの混乱が生じることがあり、実際にそれは起きているのです。自由連想法は、フロイトやユング以来、主要な治療手段であり、個人の意識から見えない思考を明らかにする能力において、強力であることが証明されています。自由連想法では、参加者はある言葉を呈示され、良し悪しの判断をすることなく、頭に浮かんだことをできるだけ早く答えるように促されます。思いつくままにどんどん回答させる条件下では、抑制が最小限に抑えられ、その後自由連想反応から浮かび上がる事柄は、個人の内面、深い欲望、隠れた恐怖、驚くべき衝動について情報を与えてくれるというものです。しかし、なぜ言ったのか、今したことをなぜ考えたのかを理解しようとするとき、上に挙げたような次の思考を決定する他の情報源を念頭に置いておく必要があります。もしセラピストが「お母さん」と言い、あなたが「血」と答えたら、お母さんとの可能性を懸念することでしょう。それはセラピストによる正当な懸念かもしれませんが、あなたの反応の別の可能性として、あなたは今朝お母さんに電話してシャツの血痕の取り方を尋ねたので、「血」という意味論的な概念が呼び起こされた、つまり事前に準備されていたので、より簡単にあなたの迅速な反応として提供されたのかもしれません。私たちは意味のある結論を出す前に、なぜ思考Ａが思考Ｂにつながったのかを理解する必要があります。

思考を観察する

自分の内なる世界への最初の正式な興味は、マインドフルネスの短期コース（マインドフルネス・ベースト・ストレス・リダクション、ＭＢＳＲ、夜のみの８日間と最終日に沈黙の１日）に登録することから始まりました。書類作成や実際のコースに持参するものの情報など、事前のミーティングがありました。ミーティングが行われたマサチューセッツ州アマーストは、幸いにしてジョン・カバット・ジンがマインドフルネス瞑想を大衆向けにアレンジした場所であり、ミーティングではすべてのグループがバスケットボールコートの巨大な輪の中に一緒に座っていました。いざ帰ろうという段になった際に、講師が、1分間静かに目を閉じてリラックスしてください、そしてその体験を他の人と共有してください、と言いました。それは、幼児向けとも思える、穏やかなエクササイズでした。しかし、このわずか1分間が、私にとって新しい世界を開くことになったのです。突然の休止、内側に向かう心的方向性の急激な変化、長い間忘れていた感覚と自分の身体への注意が、一瞬にして私を打ちのめしたのです。その頃の私は、ハーバード大学という競争の激しい環境で若い教員として働き、家には小さな子供がいるなど、非常に慌ただしい生活を送っていました。このような気持ちになったのはいつ以来だろう、なぜ私は長い間、たった1分でも個人的な時間のために止まらなかったのだろうと自問しました。これはちょうど、「最後に星を見上げたのはいつですか」という陳腐な質問と似ていました。私の中に強烈で、個人的な宇宙が待っていたのです。取り掛かるのに数年を要しましたが、私はもっと深く知りたいと思い続け、その甲斐はありました。

自分の考えを「観察」することを奨励されるなんて、最初はまったくナンセンスに聞こえました。しかし、私はコースに参加する前に、懐疑的な考えを捨て、科学者の帽子を家に置いて、タブラ・ラサ（白紙の状態）になろうと決心していたのです。そこで、私は思い切って挑戦してみたのです。鏡に映る自分を観察し、新しいシワに気づき、それに少しばかり注目し、そして次に進む。観察し、気づき、調べ、手放す。これと同じことを内なる思考に対してできない理由はありません。この体験は興味深く、身近で、自分と密接に関わり合うものであるという点で驚くべきことなのですが、ほとんどの人はこれをやってみようとは思わないでしょう。

私たちは、自分の思考プロセスは観察したところで意味がないと考えるように育ちます。私の最初の黙想の経験は、（ほとんど規律に従っていない）初心者であったにもかかわらず、個人的な金鉱を見つけたという明確な実感を与えてくれました。自分の思考に集中することは、自分自身に対して一種の精神分析を行うようなものだと、すぐに思えるようになりました。最初は、旅先で気になったこと、家や職場に置いてきたもの、終わった後に必要なこと、やりたいこと、部屋のにおい、遠くの音など、ありふれたことで頭がいっぱいになります。そして、もっと古い問題、記憶、恐れ、欲望を掘り下げていくのです。そして、内面的な思考の力で、笑顔になったり、涙を流したりすることができるかもしれません。記憶をたぐり寄せることで、強い感情が生まれます。そして、これらすべては、瞑想のやり方に関係なく、あなたにも起こりうることなのだと、私は今知っています。好奇心旺盛な観察者として自分の心のありようを見つめることができる、そしてその恩恵を受けることができるということを意識するだけで、日常生活の中で、サラダを作りながら、ジョギングをしながら、特別な器具や衣類、環境を必要とせず、それを行うことができるようになるのです。自分の思考を見つめることが可能であると理解することで、私は何が私を悩ませ、何が私を幸せにするのか、なぜ私が何かを言い、何かをし、何を感じ、自分らしく振る舞うのかについて、より良い考えを持つことができました。とはいえ、瞑想は、理由があって避けていた考えや記憶、あるいはまだ対処するスキルがなく、外部の助けを必要とするような考えをあぶり出すこともあるので、建設的なものとばかりはいえないでしょう。

自己を観察することに気付いたのは、私が初めてでないことは明らかです。何世紀にもわたる精神修養に関する取り組み、心理学的調査、さらには多くの人々による自己発見が、私に先駆けて行われてきました。マリオン・ミルナー（またはペンネームであるジョアンナ・フィールド）は、幸せを見つけるために自分の経験を辿ろうと決め、長い時間をかけて綿密で豊かな洞察に満ちた日記をつけました。この8年間の取り組みは、彼女の著書『A Life of one's own』に絶妙にまとめられています。(1) ミルナーは日記を書き続けることで、独自の内省の技術を身につけました。後に彼女が精神分析家として評価されたのも当然でしょう。

人は、自分が思考の対象であること、思考のつながりの中にいること、思考の中心にいること、まるで思考が自分を操作しているかのようにいることに慣れているので、思考がどのように、どこへ向かうかを制御したり、洞察したりすることがほとんどできません。しかし、私の、そして私以前の多くの人々のこの新しい取り組みは、自分自身の思考を横から観察するという視点を加えることを意味します。この取り組みは、芸術でもなければ、その恩恵を得るまでに何万時間もの経験が必要なものでもありません。ただ、視点を変えるための工夫をしただけです。ジェットコースターに座っている人のように思考の中にいてそれを経験するか、チケットを買っていない人が地上からジェットコースターを見ているように思考を観察するか、2つの視点が考えられます。この2つのモードは、自動的または任意に、没入型参加から外部観察へと交互に切り替えることができます。この2つのモードをしばらくすると、この2つのモードを切り替えることがシームレスに感じられるようになります。

思考を観察する個人的な体験と、心（心理学）および脳（神経科学）の進歩的な理解を統合することで、自分が誰であり、なぜ存在するのかを、新しく、身近に把握することができるようになるのです。

思考と心の雑音

工学や信号処理の世界では、信号対雑音比（SN比）と呼ばれる尺度があります。これは、雑音（ノイズ）の多い環境において、目的の信号（シグナル）がどの程度埋め込まれているかを定量化するものです。たとえば、多くの電波が飛び交う環境での電波受信、雑踏や障害物、動き、様々な照明などが混在する視覚的な映像、友人の話を理解するために雑音と戦わなければならないカクテルパーティーなど、現実の環境の多くは非常にノイズが多いのです。良いシステムとは、信号を増幅し、ノイズを抑制し、SN比を最大化するものであり、それによって興味深いものを得ることができるのです。脳も同じように、外界と内界の両方を考慮しなければなりません。

興味のある外界の信号に対して、私たちが物理的環境をどのように消費するかは、注意という巧妙なスクリーンによってフィルターがかけられ、必ずしも意識的にではなくても、関連性のあるもの、新しいもの、魅力的なもの、怖いものだけを選択できるようになっています。私たちは常に、音、色、匂いなど、豊富な物理的刺激にさらされています。たとえば、人通りの多い道路でバスを待っているとき、遠くからバスが近づいてきて、これが自分のバスかどうかを知る必要があるとします。バスの近くにいる車、周囲にある物体、交通量の多い通りの喧騒から発せられる運動シグナル、気が散るクラクション、荷物の重さ、背後で交わされる会話など、集中するために捨てなければならない情報がどれほどあるかを考えてみてください。しかし、私たちは普段、環境の大部分を無視して生活していても、何の不自由も感じません。たとえば、バスケットボールのパス回数を集中して数える人が、その場面を左右に通過するゴリラを見逃す「見えないゴリラ」テスト（元々は認知心理学の創始者の一人であるウルリック・ナイサーが実証したもの）のように、周囲の環境の重要な側面を見逃すという興味深い、しばしば面白いケースが生じます。[2] しかし概して、選択的注意は私たちを安全で正気に保ち、効率的にする自然からの強力な贈り物なのです。

注意は内側に適用されるものだと考えることもできます。（思考の抑制や抑圧とは関係なく）私たちはある特定の思考に注意を払い、他の思考には注意を払わないことができます。私の知る限り、瞑想はその取り組みとして最も効率的な方法です。瞑想は、心のノイズを減らすことで、思考のSN比を増幅させるといえます。そして、自分の思考を理解するだけでなく、それを少なくともある程度コントロールする優れた力を与えてくれるのです。大抵の人は好き勝手に走る車に乗りたいと思わないでしょうが、そんな人が自分が舵を取らない身体に住むことには我慢しているのはなぜでしょうか。

私たちはSN比を上げた後、残った思考を、時にお客さんと呼ぶぐらい慎重に扱い、観察し、ラベルを付けます。瞑想は、思考を蒸留しながら、自分の心をコントロールすることができます。また、自分の洞察に近づくことができます。

雑音がない心と、洞察との間にはどのような関係があるのでしょうか。問題解決やその他の認知能力における洞察に関する心理学的研究によると、洞察は通常、突然、予告なしに現れることが分かっています。それは、私たちが「インキュベーション」と呼んでいるような、無意識の処理の結果のように振舞うのです。それは、私たちの意識の「舞台裏」で行われるプロセスであり、必要のないときには私たちを煩わせることなく心のタスクを引き受けているのです。洞察とは、そのインキュベーションの最終的な成果を、無意識が意識に伝えることです。それは、私たちが細かいことを気にしないときに下請け業者を雇い、その間に私たちの生活を続けられるようにするようなものです。しかし、意識下にある私たちは、潜在意識の奥底から送られてくる小さなメッセージになかなか気がつきません。思考が私たちの心を乗っ取り、ノイズが多すぎて、思考の中に埋め込まれた洞察に気づかないのです。背景となる思考を一掃し、ＳＮ比を高めることで、瞑想は私たちをよりオープンにするのです。これらは、外的環境と同様に内的環境にも心を配るためのメカニズムであり、同様の実践と同様の効果を伴います。

瞑想の取り組みをすると、自分の思考だけでなく、特に呼吸から注意をそらすような感情、つまり欲望や憧れ、異なる経験への欲求、怒り、批判、判断、不安、恐怖、落ち着かない気持ち、疲労、無気力、疑いなどに注意深くなることができます。しかし、心配しないでください。ネガティブな感情や思考だけが生じるわけではありません。

特に最初の頃は、グループの中で集中できない自分に気づき、目を見開くことがよくありました。それは、それなりに不思議な光景です。見ず知らずの人たちが、みんなまっすぐ座って、目を閉じて、カラフルな枕やショールなど、心地よさそうなものに囲まれて、静かに、明らかに眠ってはいないが目覚めてもいない様子で、内面に引き込まれて吸い込まれていくような独特の表情をしているのですから。それは、他の環境ではほとんど見られないものです。彼らは皆、とても自分自身と打ち解けていて、正直言って、彼らが個人的な経験をしているときに彼らを見つめるのは、あまり良くないことのように思えました。しかし、時折覗き込むことで、外部からの刺激がない中で、人が内面を見つめながら経験する感情の幅を知ることができました。

呼吸をし考えるということ

以前、イタリアの美しいアッシジでの講演に招かれたことがあります。ローマに降り立った私は、地元の友人夫妻に空港まで迎えに来てもらいました。主催者のパトリツィオと会うために、時間通りに到着するように計画をしていました。彼は親切な万能型教養人で、仏教と善行に興味があり、アッシジ周辺の森で行っている瞑想リトリートの直前でした。その日は飛行機が遅れて到着したので、急ぐ必要がありました。3時間のドライブで、昼食をとる時間もありません。車中の話題は「間に合うか、間に合わないか」だけ。途中で車を乗り換え、私の荷物は友人の夫に預け、友人は別の車で私を乗せて走り、駐車して、間一髪で主催者に会えたという状況で、すべてがあわただしく、まるでスリラー映画の登場人物のような気分でした。私は激しい移動で息も絶え絶えでしたが、まるでこの星を救ったかのような気分で彼と握手しました。すると、彼は至って冷静に鼻の下にある縦の溝を指差しながら私にこう言ったのです。「いらっしゃい。これから4時間、呼吸を意識しながら座りますよ」と。急いでも報われることはほとんどないのです。

瞑想によって心を清め、研ぎ澄ます方法は数多くありますが、すべてがそれほど激しいものでも、退屈なものでもありません。有名なのはマントラ瞑想で、私はやったことがないのですが、かなり人気があるようです。また、基本的で親しみやすいボディスキャンという方法もあります。座ったり、寝たり、立ったりして、目を閉じ、心の目で自分の体を細かくスキャンするのです。足の指の間、爪の下、そこからさらに上を目指し、想像力を働かせて体のあらゆるポイントを網羅しようとするのです。私は自分の頭のてっぺんまでスキャンできたことがないのですが、それでもいいのです。物腰柔らかなインストラクターが言うように、心はマインドワンダリングを起こしているのですから、抵抗してはいけないのです。ただ、自分の体をスキャンすることに意識を戻すだけでいいのです。

立って瞑想することもできますし、足の裏の感覚をゆっくり丁寧に調べながら、解像度を上げて瞑想することもできます。そして、非常にゆっくりと歩きながら瞑想することもできます。自分の体の小さな動き、足、つま先、膝、筋肉、頭の姿勢などに意識を集中させるのです。私はこれが一番難しいと思っていました。私の生き方を象徴しているのかもしれませんが、私にとって歩くということは、どこかに行くことが連想され、ただ歩くために歩くということではありません。だから、目的地に急いで向かうのが当たり前になっている私の体には、ゆっくり歩いても意味がないのです。長い時間をかけて条件付けされたことがらを解除するには、練習が必要です。

注意の対象は、必ずしも自分の体である必要はありません。なんだったら、近くのエアコンを対象にしてもいいのです。マインドワンダリングを起こすたびに、グラウンディング（接地）する対象を選ぶことが、心を誘導するテクニックです。注意散漫な状態に気づくには、何かによって注意をそらしてあげる必要があります。瞑想では、その何かとは、自分の体であれ何であれ、グラウンディングする対象です。現実の生活では、あなたが気を取られているのは現在の何かということになります。

最も一般的な方法は、呼吸に意識を向けることです。瞑想の経験がない人には、このやり方がどのように聞こえるかはよくわかります。「ただ空気が出たり入ったりしているだけの呼吸のどこに気をつけるべきことがあるのでしょうか。そんな平凡で単純な活動をいつまでも考えていられるのだろうか」という具合です。しかし、練習を重ねれば重ねるほど、また、指導を受ければ受けるほど、注意の分解能は高まっていきます。徐々に、鼻の穴を通る空気の流れが気になり始めるのです。それは温かいのか、くすぐったいのか、ゆっくり長いのか、激しくても短いのか、鼻と口から肺へ、そしてまた外へ、空気の通り道に注意を払い始めるのです。姿勢や腹筋に影響されるだろうか。いつ呼吸が終わり、いつ次の呼吸が始まるのだろうか。

どのような対象であっても、それを見ているだけで、無限に詳細な情報を得ることができるのは興味深いことです。私たちは、家、木、人、街、月など、物事を完全な実体として捉え、それに名前を付けて生活しています。これは、私たちが想像し、頭の中に思い浮かべる能力も同じです。目を閉じて、自分の車、自分の猫、自分のオフィスを思い浮かべても、細部にまでこだわらなければ、初歩的な情報しか見えてきません。しかし、無意識に通り過ぎようとしていたその木に、数分間立ち止まって集中したらどうなるでしょうか。突然、その木には幹があり、樹皮があり、枝があり、小枝があり、葉があり、芽があり、葉脈があり、色があり、小さな花があることに気付きます。まるで、フラクタルアニメーションのように、中に入ると、新たなフラクタルが無限に見えているのです。ただそこに留まっているだけで、より多くのディテールが幾重にも重なって、絶え間なく流れてくるのです。

長い間、真剣にヨガと瞑想を行なってきた友人のナタリーは、自身が受けたあるコースの中で、他にはない難しいエクササイズについて話してくれました。それは、丸一日、生活をしながら自分の呼吸を注意深く観察するというものでした。自分がこの境地に達することは、すぐには想像できませんが、とても興味深い体験のように思えます。そうして私は、彼女から「リアル・タイム」という新しい言葉を学びました。退屈なときは遅く、楽しいときは速くといった具合に、状況によって主観的な時間の流れ方が異なることは、誰もが知っていることでしょう。しかし、長時間、集中的に瞑想することで、主観的な偏りが抑えられ、より安定した時間感覚が得られるようです。リアル・タイムだけが真の時間という訳です。

身体の知覚についての考え

初めて静寂リトリートに参加した時、イスラエルにあるヴィパッサナー・トゥヴァナ組織の創設者、スティーブン・フルダーの後をついて回り、何も摑めていないことを伝えようとしたのを覚えています。まだ1日しか経っていなかったのですが、私はせっかちで、見識を深めることに熱心なタイプなのです。実際、私は好奇心と不安のあまり、リトリート中に話すこともいとわず、スティーブンを困らせました。でも彼は気を取り直して、座禅中に生じたさまざまな思考が私の身体にどのような影響を与えるかに気づくことから始めなさいと教えてくれました。私は彼の言っていることが理解できませんでした。「つまり、思考が私の体に影響を与え、思考が異なれば体に与える影響も異なるということですか」と尋ねると、彼は微笑みながらこう言いました。「もちろんです。神経科学者の貴方には、その役割を持っているのは脳しかないと言った方が分かりやすいでしょうか」。そして、彼は正しかったのです。その体験があるまで、私の目には、身体は脳を運ぶためのプラットフォームとしか見えていなかったのです。科学者が若さを保つために子供たちを誘拐し、その夢を収穫するという、斬新で素晴らしい映画『ロスト・チルドレン』の中で、イルヴィンおじさんというキャラクターが登場します。彼は瓶詰された脳だけの状態で登場し、饒舌で嫌味で、偏頭痛すら持っています。私たちの存在は、この物語に登場する彼のように、脳だけで完結すると考えていました。

神経科学、哲学、仏教、宗教学などにおいて、人々は古くから心と身体の相互作用について熟考してきました。私たちが脳で身体を感じていることは疑う余地がありません。その証拠もたくさんあります。しかし、この関係が相互的なものであることは、まだ一般的な知識として知られていません。身体は、熱いものに近づいたり、心地よくくすぐられたりといった感覚的な情報を脳に伝えるだけではないのです。実際、私たちの心は身体からの信号によって形作られていることが、すでにいくつかの研究で指摘されています[3]。ですから、これは共生的なつながりであると認識し、覚えておく必要があるように思います。

心と体のつながりの身近な例として、プラセボ効果があります。これは、自分の信念や期待が生理的な健康に影響を与えるというものです。臨床の世界でも、日常生活でも、信念が出来事に対する反応を変え、病的、心理学的、生理学的な症状を無意識に変えてしまうことさえあるのです。これは適切な文脈と指示によって、効果のない治療も効果的になるということです。たとえば、うつ病の少なくとも30%はプラセボによって緩和される可能性があります[4]。つまり、治療そのものとは無関係に、治療に対する信念によってうつ病の状態が改善される可能性があるということです。同様に、プラセボは片頭痛の症状を緩和し、多様な領域で痛みの管理に役立つことが示されています[5]。それは、私たちの心に、心と身体を支配する力があるということです。

以前、娘の幼稚園で講演をしたとき、幼い子どもたちに、幸せは体のどこにあるのか、悲しみや嫉妬、怒りはどこにあるのかを尋ねました。すると彼らは、愛以外はすべて「脳」にあり、愛は「心」にあると答えてくれました。最初のうちは、心臓がドキドキするのを感じ、それを感じるところに愛が宿ると直感します。だから昔の人は、人間の感情のレパートリーはすべて頭の中で起きているのだと疑うことが難しかったのでしょう。脳に関する知識がまだなく、観察できるのが体の感覚だけだった時代には、そこで行われていることを疑ったのです。そして、そのように発達していくのは、とても理にかなっています。右足の指がジュウジュウと音を立てる炭に触れる部分だとしたら、実際には脳の体性感覚野や痛みの領域で起こっていても、その感覚がそこにあると思いたいものです。脳にはこのような、私たちの機能を向上させるための意図的な錯覚がたくさん組み込まれています。映画館でスピーカーが側壁や後方にあるにもかかわらず、目の前のスクリーンから音が鳴っていると思い込むのはこれが理由です。これを機能的な誤定位といいます。

心理学の先駆者であるウィリアム・ジェームズは、感情が実は身体から生じていることをいち早く提唱しました（ジェームズ＝ランゲ説）。怒りや恐れ、高揚感などを身体で感じ、その身体感覚から脳がその感情に対応する認知表現を導き出すというものです。このような議論をまき起こした説によると、感情は脳から始まり、その感覚を身体に伝えるのでなく、ライオンの顔や愛する人の笑顔などの知覚した刺激に身体が直接反応し、その体の中の変化が、脳の中の感情に豊かさを与えるというものです。これは、身体に心があるということではなく、脳が刺激の物理的性質（色、音、顔、笑顔など）を知覚し、その基本的な知覚がそれに関連した身体の反応を引き出し、それに続く身体の反応が脳に感情のありかを伝えていることを意味しています。この理論によれば、感情とは、身体の生理的反応を脳が解釈したものであるということになります。つまり、悲しいから泣くのではなく、泣くから悲しくなる、ということになります。

この理論が直感的でないことを示すために、もう一つ例を挙げましょう。誰かがあなたに向かって怒鳴り散らしているとしましょう。声の強弱や周波数、表情の細部、姿勢などの身体的特徴は、すべて脳で知覚され、速やかに身体に伝わります。身体は、その具体的な身体的特徴を連想して理解し、それに反応します。そして脳は、もし私の体がひるみ、心拍が上がり、皮膚に汗をかいたら、私は怖がっているに違いないと考えるのです。このとき、脳は感情も知っていることになります。少し回りくどいですが、近代心理学の父（訳者注：ウィリアム・ジェームズを指す）やその後の多くの人たちを含む著名な人たちは、私たちがどのように感じるかについて、身体が大きな要因となると考えていたことを示しているのです。

身体の感情表現も重要な役割を担っています。顔を含む身体の感情表現は、もちろん私たちがどう感じているかを相手に伝えるためのものです。犬のしっぽから機嫌を推察するように、仲間の表情豊かな身体全体から、より豊かな感情のレパートリーを推察することができるのです。驚き、恐怖、警戒、興奮、退屈、嫌悪など、私たちは表情豊かな顔や身体からどれだけのことを伝え、感じ取っているのか、必ずしも意識はされていません。実際、私たちが感情を表現するために使っている言語が、身体が発するすべてのものから情報を得ることができる相手にとって、どれほど大きな割合を占めているかは分からないのです。

思考の種類

言葉の出現頻度というのは昔から興味の対象になってきました。なぜなら、新聞、書籍、ラジオ、テレビ、インターネットなどで最も頻繁に登場する言葉を数えるだけで、何が「トレンド」なのか、何が現在人々の心の中にあるのかを反映してくれるからです。この集計が始まった当初からトップ100に入り続けている単語に、"think"があります。ジョン・デューイは『思考の方法（How We Think）』という本の中で、"think"は最も頻繁に使われる言葉だと述べました。ひょっとすると、彼はこの表現を比喩的な意味で使ったのかもしれませんし、私が最近調べたところでは、75位だったのですが、いずれにせよ、人々は思考や考えについてよく話します。そして、考えることが私たちの生活の最も中心的な活動であることを考えると、これは驚くべきことではありません。

私たちは、自分の思考を単一プロセスとして考えがちです。主観的には、思考は行ったり来たり、時には少し長くとどまることもありますが、基本的には思考はひとつながりになっていて、話題だけが変化しているように見えます。しかし、思考は同じ話題に長時間留まることもあれば、ある思考から別の思考を連想して飛び移ることもあります。また、扱う話題が狭義だったり広義だったり、速く進むことも遅く進むこともあり、意図した思考であることもあれば侵入思考であることもあり、内側から発生することもあれば環境中の刺激によって誘発されることもあり、言葉、画像、音であることもあります。

思考のパターンはさまざまで、1種類だけでなく多くの種類があります。ここでいう思考のタイプ、あるいはパターンとは、思考の内容ではなく、適切な思考のプロセスを意味します。車をどのように走らせるかであって、その車の中に誰がいるのかではありません。私たちは、スイカ、スカイダイビング、歯根管治療、死などについて考えることができますが、それらのトピックについて、性質が異なるさまざまな方法で考えることができます。それらの異なるタイプの思考パターンは、気分や文脈などの私たちの状態によって決定され、異なる目標の達成に役立つ（または邪魔になる）ことがあります。以下に、主な思考の種類を扱った調査を紹介します。

連想思考

思考は概念で構成されています。先に述べたように、私たちの経験や知識の記憶は巨大なノードのウェブ（網）と見ることができ、各ノードは概念です。どのような概念であれ、それを考えるということは、そのノードを訪れ、そのノードが表現するものを活性化するようなものだといえます。それは、「赤」という色であったり、「素敵」という言葉であったり、「暖かさ」という感情であったり、「おばあちゃん」という顔であったり、「ハルヴァ（訳者注：練り胡麻などで作る中東の伝統的な菓子）」という味であったりします。思考パターンは、このウェブ上でどのように進むかによって異なります。連想を伴う思考とは、具体的には、ある概念からそれに関連する別の概念へと一貫して思考が進むことを意味します。たとえば、リンゴについて考えることでアイザック・ニュートンが浮かび、そこから重力が浮かび、物理が浮かび、学生時代が浮かび、初恋が浮かび、恋愛が浮かび、子供が浮かび、年齢が浮かび、体を鍛えることが浮かび、といった具合にです。このように、自分特有のノードとコネクションのウェブをもとに、切れ目なく進行していくのです。

関連するモノ同士の連想（椅子とテーブル、看護師と医者）は、統計的に規則正しく現れる傾向があるため、統計的規則と呼ばれています。私たちは経験によってこのような規則性のある共起を蓄積し、連想として記憶に留めています。２つの概念が同時に出現する頻度が高ければ高いほど、脳内で強く結びつきます。フォークｰナイフのような頻度の高いペアと、頻度の低いフォークｰナプキン、さらに頻度の低いフォークｰスープのペアを比べてみてください。この例では、「フォーク」というノードが「ナイフ」、「ナプキン」、「スープ」と接続されますが、その結びつきの強さが異なるので、これらの単語が、ペアの形で活性化される可能性も異なります。

連想的に脳内アイテムをグループ化することは、記憶への保存をより経済的にし、また記憶から情報をより効率的に取り出すために、大きな利点をもたらします。たとえば、スキューバタンクをダイバーやスキューバダイビングの道具と一緒に記憶するように、新しいものとそれに関連する古いものを一緒に記憶することがより簡単になるのです。このような連想記憶により、当然、必要な時に記憶の中から探し出したり、取り出したりすることが容易になります。また、連想活性化は脳内の予測の根拠にもなっています。電車の音は電車の光景と脳内で連想され、火は高温と連想されることで、過去の経験に基づいて環境との相互作用を最適化することができるのです。

連想には速い場合と遅い場合がありますが、いずれの場合も連想によって概念が広がります。連想する思考はさまざまな状態や性格特性、素質、才能、障害と関連しています。高度に連想的な思考は、たとえば並外れた洞察力や独創的な問題解決によって示される創造性と結びついています。注意欠如・多動症（ADHD）の人は連想性が高く、創造性が高い傾向があります（ただし、薬物療法を受けると低下します[6]）。人々が過度に連想的で、他の人々にとっては緩やかな連想に過ぎないのに、あるいは何もないところにつながりが見える場合、妄想や統合失調症などの精神疾患と診断されることがあります。一方、思考が周期的で、あるテーマについて長く反芻する場合、不安や、うつ病などの気分障害の兆候が見られることがあります。

反芻思考

反芻思考とは、同じトピックを何度も何度も取り囲むように繰り返す傾向のあるパターンです。反芻的心理状態は、同じ出来事やエピソードにこだわり、それを多角的に、繰り返し、不合理に、典型的には苦悶しながら検証してしまいます。昨日逃した機会、その意味、損失、他人の目に映る自分の姿、自分はもっと金持ちになれたはず、なぜ土壇場で怖気づく必要があったのか、自分はリスクを取るのが苦手だった、自分はどこにも行けない、そんなことを繰り返し考えてしまうのです。一方、記憶の反芻が少ない人は、そのことについて考え、おそらく教訓を学び、前に進むでしょう。

同じトピックに固執することは、強烈な集中力を持つことと同義ではありません。集中しているときは、確かに心的に占有する範囲も概念的な量としては狭いのですが、進展するという特徴があります。複雑な数学の問題を解くときや、ツリーハウスの設計をするときは、細部にまで集中しますが、そのプロセスには始まりと終わりがあります。反芻思考では、ただ堂々巡りをしているだけなのです。

私たちは誰でも時々反芻しますが、持続的に反芻を続けると病的な結果を招くことがあります。たとえば、予想される将来の出来事について反芻することは不安と似ています（たとえば「講演の準備があまりできていない、スライドがひどく見える、エアコンが効かなくて汗染みが出てきたらどうしよう、恥ずかしい、嫌われるかもしれない」など）。それは正常なことです。しかし、不安がその人固有の慢性的なパターンとなり、常に次に起こることを心配し、反芻するようになると、病的な不安に発展し、消耗して治療が必要になることがあります。また、常に過去のことを反芻していると、気分も悪化し、この場合、うつ病を発症する可能性があります。実際、不安とうつ病は、専門用語で併存症と呼ばれ、通常、片方に悩まされた人はもう片方にも悩まされることになります。これらの疾患や他の多くの精神疾患に共通するのは思考の反芻性です。

強迫観念

強迫観念は強迫性障害（ＯＣＤ）の特徴です。それらは、反復的で、持続的で、典型的には否定的ですが、必ずしも記憶の反芻のように循環しているわけではありません。その強迫観念を止めようとすればするほど、強迫観念が強くなります。強迫観念は、心的外傷後ストレス障害（ＰＴＳＤ）、パニック発作、恐怖症など、他の疾患と一緒に見られることもあります。しかし、強迫観念のすべてが疾患に関連しているわけではありません。たとえば、借金の返済に追われたり、恋人の行方が気になったりと、状況によっては誰にとってもごく自然に起こり得るものです。強迫観念は通常、望まれずに起きるものであり、決して止まらないように見えます。

侵入思考

侵入思考は、実際には正規の思考タイプと分類されるものではなく、むしろ思考現象の一つです。侵入思考は、自発的でもなく、誘われることもなく、通常はネガティブな類いのものであることから望まれない思考であり、私たちの今現在の思考の流れと明らかに関連性のない形で侵入してきます。強迫観念とは対照的に、侵入思考は断続的にしか起こりませんが、それでもその侵入は深刻なものになる可能性があり、トラウマの記憶、持続的な恐怖、心配事などが侵入してくることがあります。このような侵入思考は活動をすくませることがあり、連想される多くの否定的な感情や感覚を伴うことがあります。しかし、良いコメントや楽しい休暇など、良い記憶が突発的に浮かんでくることもあり、この場合も、無関係な思考回路が挿入される形であるため、侵入とみなされます。

過去悩んでいた問題があるとして、無意識のうちに「潜伏」期間を経て侵入思考によって解決に向かうこともあります。明らかに、すべての侵入的思考が悪いわけではありません。

なお、本書では「思考」という概念と「記憶」という概念をほぼ同じ意味で使っています。両者は同一ではないものの、高い関連性を持っています。思考は活性化された記憶から構成されています（ただし、それだけではありません）。私たちが知っていること、経験から覚えていること、恐れていること、予想していること、知っている言葉、覚えている感情のすべてが、記憶に保存されているのです。昨夜エレベーターの中で隣人があなたに言ったことを考えるとき、それはあなたが呼び出すまで保存され眠っていた記憶の一部を再活性化することによって生まれた思考なのです。あなたはイタリアの首都を知っていると思いますが、あなたがそれを取り出して、現在進行中の思考の一部にするまでは、それは眠っています（ここで話題にしたのでもう休眠状態ではないでしょうが……）。たとえば、理想の彼女との前回のデートで見た映画に出演している俳優をコマーシャルで見たとき、その記憶は多くの記憶と結びついていて、連鎖的に活性化されます。活性化された記憶は、思考や思考の一部と言えるでしょう。しかし、すべての思考が記憶から生じるわけではありません。私たちがよく行う心的な「予行演習」のようなシミュレーションを考えてみましょう。あなたは、ビーチでの人々の服装、エキゾチックなビーチの傾向、一緒にいたい人のイメージなど、いくつかの材料を記憶から取り出し、エキゾチックなビーチで、その人と、少なくともまだ起こっていない経験のシミュレーションを構築します。今のあなたの思考は、部分的には新しく、部分的には記憶の中にある古いものです。

不思議な思考障害

私は、精神科医というのは思いつく限り最高の職業のひとつだと思っています。人を助けるだけでなく、人の心の素晴らしさを見ることができるのですから。これはニューロダイバーシティと呼ばれることもあり、標準的な状態からの変化が必ずしも障害や病気ではなく、むしろ私たちを興味深い個人として、また繁栄する社会としている健全な違いの表れであるという事実を強調するものです。精神医学では、人間の心や魂ともいうべきものに、他のどの人間よりも近いところで触れることができます。おかしくなってしまった思考パターンを監視することは、壮大であると同時に恐ろしいことです。私たちは自分の世界観に固執し、主観的には仲間の内面世界が自分と似ていると確信しているので、誰かが空に向かって話しかけたり、自分が神の子であると確信したり、支離滅裂にしゃべり続けるのを見ると、最初はいつも演技を見ているような気になります。思考障害を考えることは、他にはない視点を与えてくれます。

まずは、連想の緩みと呼ばれる『脱線』についてです。脱線は、臨床の場では一般的に、必ずしも障害とは限らないと考えられています。脱線とは、その名の通り（思考や会話の中で）話が脱線することを意味します。思考の流れに身を任せ、決して出発点に戻ることはありません。このときの思考は、必ずしも理路整然としていたり、関連性づいている必要はありません。また、急速な躁転（訳者注：うつ状態から躁状態への急転）のように激しい情動を伴うことも多いです。脱線は統合失調症の患者にみられ、高度で緩やかな連想（他の人にとっては連想関係が離れているか緩やかであっても、自分には強い連想が見えるという意味）を持つ傾向があります。

この状態を日常生活に例えるなら、お酒を飲んだり、薬物を吸ったりして抑制が効かなくなり、アイデアがどんどん出てきて、並外れた創造性を主観的に感じてしまう人たちです（ただ、翌朝起きてみると、昨晩は素晴らしい発見のように見えたものが、朝にはそれほどでもなかったと気づくのですが……）。しかし、脱線思考は時に創造性を助長することがあり、『水平思考』と呼ばれる、一本道ではない流れや、問題を考える際に適用される論理があまり明白でないことを特徴とするものをおそらく経由して、創造性を助長することがあります。脱線思考は、時に『接線思考』とも呼ばれ、帰らずにさまようことを意味します。同じような思考パターンを「接線思考」「水平思考」「脱線思考」と呼ぶので、分かりにくく感じる人もいるかと思います。用語の使い分けは、あまり真剣に考えるべきでないという指摘のために、ここで取り上げたのです（科学者は、他人が命名した専門用語を使うより、同僚の歯ブラシを使う方がマシだと揶揄されることもあるぐらいですし……）。名前はともかく、これらの様々な現象は、秩序と無秩序の中で思考がどのように進展するかを示しています。記憶と思考、思考と会話の間にある密接な関係を強調するものです。

次に興味深い思考障害は、『迂遠』です。これは、不必要な細部が多すぎて、ぐるぐると考えを巡らせる思考や話し方を指します（誰にでもこういう友人がいるものです）。脱線とは異なり、最終的には要点を得ることができます。もう一つ、『会話の貧困』はまさにその逆で、思考の内容、ひいては発話が著しく貧弱になり、情報量が少ないことです。

このほかにも、思考が突然中断する「ブロッキング」、考えが突発的に飛び出す「観念奔逸（訳者注：躁うつ病で特徴的にみられる症状）」、互いに関連性のない支離滅裂な言葉の羅列、すべてを自己に引き戻す強迫観念など、臨床家が患者に観察し、思考プロセスに関する我々の理解を反映した不思議な現象はまだまだたくさんあります。連想に関係する奇妙な障害として、思考と発話が意味によってではなく、韻を踏んで進行する『類音連想』があります。これは通常、精神病や双極性障害の患者さんに見られます。

神経科学の多くの分野と同様、障害は臨床的な問題だけでなく、正常な、つまり神経型の脳の働きに対する我々の理解についても多くの課題を投げかけています。たとえば、思考が突然遮断されるのはどうしてなのか、思考の流れに何が起こったのか、思考のスピードは何によって決まり、対象となる連想の幅は何によって決まるのだろうか、などです。

おそらく最もよく知られ、最も語られている思考障害は、『妄想』と『幻覚』でしょう。妄想は現実の歪みであり、世界を深く間違って解釈することで、主にパラノイアや誇大妄想が含まれます。興味深いことに、妄想を示す精神病患者は、その妄想に並外れた確信を持っています。実際、このような歪んだ信念に対する自信は、妄想の診断基準の一部となっています。

私たちの心の驚くべき複雑さを理解するために、少し立ち止まりましょう。ある脳は、あなたや私の脳と同じように、自分が尾行されているとか、自分がナポレオンにつらなるものだと強く信じており、どんな反証もその考えを変えることはできません。脳は何百億もの神経細胞でできており、その一つ一つがスイッチのように機能し、他の多くの神経細胞とつながっています。この網の目のような巨大さの上に、多くの神経伝達物質やその他の分子メカニズムが混在しています。その中のどこにナポレオンがいるのでしょうか。このような強く歪んだ信念を説明できるのは、かなり未来の話になるでしょう。

幻覚は、妄想と区別されるように、そこにないもの、作り上げられたもの、想像を現実と間違えて認識することです。非常に鮮明で、空間的に非常に特定の場所を占め、視覚、聴覚、その他のモダリティで現れることもあります。幻覚はさまざまな精神疾患でよく見られますが、ある種の薬物や入眠時、起床時、睡眠不足のときにも起こることがあります。

私たちの心は、しばしば「もしも」のシナリオの心的シミュレーションに忙殺されています。もし、その心的なシミュレーションが実際に起こっているとしたらどうでしょう。実際に空を飛んだり、あのモデルと恋に落ちたり、海で溺れたりしているとしたら。同様に、イメージについても考えてみてください。私たちは、あるイメージを思い浮かべると、それを非常に鮮明に心の目で見ることができますし、テトリスのキューブを心の中で回転させるように、イメージを操作することもおそらく可能です。私たちは、シミュレーションとイメージが脳の中にあることを知っており、通常、脳の中で起こっていることと外で起こっていることを混同することはありません。

内と外

私たちの思考は、電車の中で耳にした文章、家に入ったときのパイの匂い、足の上の猫へのブラッシングなど、外部からの刺激によって生じることがあります。また、妹とその新しいボーイフレンドをランチに誘う計画を立てたとき、一度しか会ったことのない妹のボーイフレンドが本当にいい人なのか、それともただの見せかけだったのか、と考え始めるときなど、内的な刺激が引き金になることもあります。しかし、ほとんどの場合、思考の源は内的または外的なものだけに限られた排他的なものではありません。私たちは内的世界と外的世界の間を行ったり来たりしているのです。

たとえば、スーパーボウルのクォーターバックがトム・ブレイディではなく自分だったらと熱狂することも思考であり、あなたはそれが思考であることを知っています。自分の頭の中で起こっていることです。しかし、これは生まれつきのものではなく、成長とともに獲得していく技術や知識なのです。赤ちゃんにとって、内なる事象と外なる事象を区別することは、それほど簡単ではありませんし、能力が備わってさえいないこともあります。乳児は最初、物理的な世界と心的な世界、何が物で、何が思考なのかを区別する能力が低いのです。マインドワンダリングが本格的に始まるのは、もう少し後のことです。

第3章　これからの道のり

数年前、ジェームズ・ボンドの映画を観たときの衝撃的な体験を今でも鮮明に覚えています。私は映画館で一番前の席に座り、映画に没頭するのが好きで、この時も、悪者がスピード感あふれるスノーモービルで007を追いかけるという激しいチェイスがあり、鮮やかな色彩と速い動きで私の視界全体を占領し、包み込むようなサウンドシステムが私の鼓膜を引き裂いていました。しかし、私の心は勝手に動いていて、マインドワンダリングを起こすことにしたのです（マインドワンダリングという行為は、無意識のうちに行われることで知られています）。気がつくと、ボンドは氷の宮殿にあるバーでマティーニを飲んでいました。つまり、チェイスの一部始終を見逃したということです（後で調べたら、4分間のチェイスでした）。私たちのマインドワンダリングの力は、実際の感覚からのインプットを凌駕するほど強力なものです。明るい光景も、大きな音も、状況認識全体も、より強力な思考のせいで見逃し、記録されないことがあるのです。外側の物理的な現実が、内側の心的なプロセスによって上書きされることがあるというわけです。これは驚くべきことであり、脳科学者にとっては受け入れがたいことです。

脳は、記憶力、注意力、計算能力など、限られた能力しか持っていません。コンピュータの中央処理装置（この文脈以外では、脳の喩えとして不適切ですが……）が、ユーザーのコマンド、バックグラウンド通信、マウスやプリンタなどの周辺装置からの要求など、競合する複数のプロセス間でその能力を分けなければならないように、脳も、何らかのリソースを必要とするプロセス間でその能力を分けなければならないのです。脳もまた、どのプロセスに何を割り当てるかの優先順位をつけており、割り当てるものが何であれ、脳が持っている100パーセントの資源から捻出されるため、最終的には他のプロセスのために残された容量を減らしてしまうことになるのです。たとえば、頭の中で16×93の計算をする場合、大音量の音楽や近くの会話など、計算に必要なリソースを奪い合う他の需要に気を取られなければ、より簡単に、うまく計算することができます。これはゼロサムゲームなのです。つまり、マインドワンダリングを起こすと知覚が鈍り、ある体験に引き込まれると、マインドワンダリングが鈍るというわけです。

ジェームズ・ボンドの話は明らかに極端で科学的に認められた例ではありませんが、私たちが充実した体験をするためには、心をフルに働かせる必要があることは明らかです。しかし、現実と同じぐらい強烈な思考に支配されている場合、私たちは自分の人生についてどれだけのことを見逃しているのか、定かではありません。ラビ・ナフマン・ブラツラフ（訳者注：ユダヤ教で人気のある祭司の一人）が言うように、「あなたの思考があるところにあなたはいます。あなたの思考が、あなたの望むところにあることを確認しなさい」ということになります。

マインドワンダリングを育む

マインドワンダリングや白昼夢を見る性質は、脳の一番前にある前頭前野に大きく依存しています。前頭前野が成熟するのは20代前半から半ばと、脳の他の部分が発達するよりもかなり遅いのですが、成熟に時間がかかるのにはそれなりの理由があるのです。前頭前野は、人間の脳の最高責任者と見なすことができ、実際、人間を他のすべての動物と区別するものであるとしばしば考えられています。意思決定、行動制御（衝動的な行動を避けるなど）[1]、報酬の評価、結果の理解、計画、仮定のシミュレーション、その他の高度な認知プロセスなどの実行機能の中心を担っているのです。これらはすべて、経験によって獲得した知識を必要とします。たとえば、旅行に何を持っていけばいいか、列に並んでいる見知らぬ人に何を言っていいか、突然の訪問に対する友人の反応を予想するにはどうしたらいいか、過去に起きた同じような状況を参考にせずにどうやって判断したらいいか、などなど。経験を積めば積むほど、より多くの知識が蓄積され、より多くの状況に対応することができるようになります。

また、マインドワンダリングを起こすとき、この経験に基づいて進化した知識が、頭の中で起こっているプロセスの基礎になっています。２本のヤシの木に挟まれたハンモックにいる自分を想像したり、犬に太ももを噛まれたらどう感じるかをシミュレーションしたり、同僚が「あなたは天才だ」と言った意図を探ったりするには、すでに知っていることを参照する必要があるのです。マインドワンダリングは我々の記憶に依存して発生します。幼い子供のマインドワンダリングの範囲が狭いのはこれが理由です。

その後、５歳くらいから数年間かけて、子どもたちの脳はどんどん記憶を定着させていき、今現在起きていることからの旅立ちへと向かっていくのです。もちろん、これは真に悲しむべきことだとは言い難いものです。記憶力を高めることは人生において非常に重要なことであり、自己意識を形成する上でも重要なことです。多くの点で記憶力は私たちそのものだと言ってもよいでしょう。自己意識は、これまでの経験、好み、恐れ、欲望、希望、失望、信念などの記憶で構成されています。記憶が定着するにつれて、私たちの心はどんどんマインドワンダリングを起こし、過去に戻ったり未来に思いを馳せたりするようになります。９歳から11歳くらいまでに、子どもたちの心は20〜25％くらいマインドワンダリングを起こすと言われています。[2]

少し前までは、マインドワンダリングは、私たちの心や気分、行動を混乱させる、好ましくない横やりと受け止められていました。これを否定する著名な研究としては、白昼夢の研究のパイオニアであり、白昼夢を建設的な心的ツールとして提唱したジェローム・シンガーによる研究がありま す。[3] もちろん、白昼夢の中には否定的な、時には強迫的な内容を含むものもあり、ある目標を達成しようとする際に障害となることもあります。実際、自分の判断に任せていると、人はネガティブな方向に引き寄せられることが多いようです。[4] しかし、それ以外の白昼夢は、後にジョナサン・スクーラーらによって奨励されたように、歓迎すべき、遊び心のある、創造的な白昼夢なのです。[5] 若い世代と一緒に過ごしていると、映画やオンラインビデオを1.5倍、あるいはそれ以上のスピードで見ることの魅力を知ることができます。このオプションは現在、さまざまなアプリケーションに搭載されており、退屈を持てあましたおばからの長い録音メッセージをより早く聞くことができるようになりました。これは明らかに時間の節約になりますが、創造的なマインドワンダリングの機会や、記憶の定着の機会も奪ってしまうことになります。

マインドワンダリングに関する研究の大半は、その内容を解明することに向けられてきました。心的資源をすべて必要とするような課題が手元にないとき、私たちは何について考えているのかということです。この生産的で魅力的な研究の具体的な内容については、次の3つの章で紹介します。しかしその前に、マインドワンダリングとそれを支える皮質基盤の関連について説明しましょう。

マインドワンダリングはDMNで発生する

認知神経科学は、認知心理学と神経科学という2つの世界の出会いであり、異なる手段やアプローチ、異なる用語、そして根本的に異なる解釈のレベル（たとえば、認知心理学では抽象的思考と意思決定、神経科学では神経伝達物質とシナプス）があり、適切に結合させる必要があります。認知神経科学者として、私の科学的忠誠心はこの解釈の両端にあります。ここで、認知心理学者としての私がマインドワンダリングというハイレベルな概念、その内容や機能を理解することを熱望している一方で、神経科学者としての私は、心とは何かさえ知らず、最も具体的で機械的なレベルで物事を理解することを目指しているのです。マインドワンダリングの基本的な神経的要素の理解にはほど遠く、思考とは何かを説明することもまだできませんが、このような重要な問題を両方のアプローチで同時かつ交互に見ていくことが、両方の世界を出会わせ、前進させる最も確かな方法なのです。

科学的な研究において実践されている考察の一部は、外から見ている人には奇妙に思えたり、不必要に思えたりするかもしれません。マインドワンダリングとＤＭＮをめぐる研究の進展は、その好例と言えるでしょう。一方では、脳内のデフォルトモードネットワークが常に活動しているという興味深い事実を誰もが受け入れています。もう一方では、私たちは、特に何も起きていないときに、定期的かつ頻繁にマインドワンダリングを起こすことを直接的に知っています。しかし、これだけでは、ＤＭＮを構成する皮質がマインドワンダリングを担うプラットフォームの役割をもっていると主張するには不十分といえます。課題も目標もなく、マインドワンダリングを起こすしかないような時、そういった無為の時に活動する脳領域はＤＭＮにしかありません。しかし、この直感的な関連性を確信を持って主張するには、やはり明確かつ明白に証明されなければならないのです。当時、この実証は最も権威ある雑誌の一つである『サイエンス』に掲載されるほど画期的なものだったこともこの関連性がいかに単純でなかったかを示しています。[6] マリア・メイソンは、私の研究室のポスドクとなった後、この精力的な研究の中で、参加者の脳をｆＭＲＩでスキャンしてマインドワンダリングをおこして貰い、マインドワンダリングの程度とＤＭＮの活動の間に相関がある可能性を探ったのです。

人の心を見るということは、決して簡単なことではありません。実際、人は自分の心を観察することさえ難しいものです。歪んだ考え方、心的スキルの欠如、感情的な干渉、その他諸々によって、自分の心は自分でも見えないですし、ましてや他人の心はさらに見えないのです。ｆＭＲＩなどの脳画像診断では、脳の構造や活動を見ることができますが、実際の心を推し量れるようになるまでにはまだまだ遠い道のりになります。くしゃくしゃになったノートの紙を想像してみてください。構造的画像やその他の解剖学的測定により、その紙の形状や地形が分かります。fMRIや電気生理学的な計測をすれば、どこにどんな文字があるかがわかるでしょう。しかし、これらをすべて組み合わせて、その紙に書かれた文章の意味を理解することは、まだ達成されていないのです。同じように、脳の微細な組織や神経細胞の活動、大脳皮質の結合状態などをマッピングできるようになったとはいえ、それらがどのように組み合わさって、私たちの素晴らしい、しかし捉えどころのない心を生み出しているのかは、まだわかっていないのです。

心の中を直接覗き見ることができるようになるまで、心理学者は、被験者の心の中で起こっていることを合理的に推測するための間接的な方法を考案し、使用してきました。その1つが、さまざまな種類の思考サンプリングです。『思考サンプリング』では、通常、課題中のランダムな時点で被験者（参加者）の作業を止めてもらい、思考について質問します。質問は内容（「白熊について考えていましたか」）や、その関連性（「今考えていることは今の課題と直接関係がありますか」）などです。もちろん、この方法にも制約があります。たとえば、主観的な報告は、主観的であるため、歪曲されやすいという点です。さらに、被験者は実験者の機嫌をとったり、ある種の体裁を整えたいと思う傾向があり、これも回答を汚染する可能性があります。このような制約は、適切な指示、実験の環境作り、十分な人数のサンプリングによって、大きく軽減されます。

メイソンたちは、このような思考サンプリング法を用い、特に被験者がマインドワンダリングを起こしている間隔を調べることで、マインドワンダリングの程度とDMN活性化の程度との間に直接的な相関を見出すことができたのです。任務完了です。さらに彼らは、マインドワンダリングが、課題や目標にとってみれば妨害となるような、しかし一方で私たちの心のベースラインであると結論づけました。つまり、私たちは注意を向ける必要があることを何もしていないときにマインドワンダリングを起こすのであり、そのときＤＭＮである皮質ネットワーク上でそれを行っていることがわかったのです。これは、起きている時間の長い間、私たちの心を支配しているものが何であるかを理解するための方法と潮流を切り開いた、大きな前進でした。

「マインドワンダリング」には広い意味があります。マインドワンダリングを構成すると考えられている主なプロセスは、自己に関する思考、他者に関する思考、起こりうる未来の予測・計画・シミュレーションなどです。次の３つの章では、ＤＭＮが関与しているとされる主なプロセスについて、より深く掘り下げていきます。

第4章　始まりは自分から――マインドワンダリングの対象

最も長く付き合っている相手を想像してください。それは強く、継続的であり、深く、親密な関係です。あなたたちはお互いに暖かく接しますが、同時にとても批判的な見方をする関係です。あなたはその人に自分の最も暗い秘密を打ち明けたりしますが、同時に相手をだまし、欺くこともあります。相手にとって何が良いかを知っていながら、しばしばその正反対のことをし、相手をなだめるために巧妙で説得力のある言い訳をするのです。その人をひどく誇らしく思うこともありますが、翌日にはその人から逃げ出したくなったりします。反対に、相手はひっきりなしに話しかけてきます。他者との交流や、あなたがこの世界で体験することの質を阻害したりします。その相手は、あなたの興味の中心にいたいと思い続ける一方で、あなたを否定することで罪悪感を抱かせたりもします。愛と憎しみ、建設と破壊、本物と偽物。一見不可能な関係のように思えますが、そのようにして存在しうる相手とは誰なのでしょうか。そう、その相手こそがあなたなのです。私たちの自己との関係は、最も豊かで、最も愛情深く、最も複雑で、最も意味があり、しかし最も合理的でないのです。そしてそれは、私たちが完全に理解していない関係でもあります。老子は『道徳経』の中で、「他人を知ることは知恵である。自己を知ることは悟りである」と述べています。

私が自分自身を批判するとき、誰が誰を批判するのか

自己とは、明確で合意された定義に従わない、曖昧な心的構成要素です。実際、「自己」を研究している人がいると初めて知ったとき、とても奇妙に聞こえたのを今でも覚えています。では、「自己」とは何なのでしょうか。偉大な心理学者であり哲学者でもあったウィリアム・ジェームスは、自己を『主我』と『客我』という2種類に区別し、2つの異なる心的視点を表現しています。直感的には、一方の視点（主我）における自己とは、思考し、判断し、行動する主体であり、もう一方の視点（客我）における自己は客体です。主体としての自己は物理（身体）的な性質と抽象（信念）的な性質の両方を含み、自己は観察者であり評価者です。重要なのは、「客我」は他者からの期待を受け入れた自己であり、「主我」はそれに呼応して作り出す自己ということです。ウィトゲンシュタインは、いつものように、対象としての私と、主体としての私という無駄のない表現をしています。

哲学者たちは、太古の昔から自己について考えてきたようです。デカルト、ロック、ヒューム、老子、プラトン、アリストテレスなど、この問題を扱った偉大な人物の名前を挙げればきりがないほどです。自己という概念が、私たちの存在を理解する上でいかに中心的なものであるかを考えれば、これほど多くの人がこの問題に取り組んできたのも不思議ではありません。当然ながら、その

見解は様々で、魂を含むスピリチュアルな見解からより物質的な見解まで、また、自己の存在を肯定するものから否定するものまであります。たとえば、デイヴィッド・ヒュームは、自己を、それぞれが絶えず変化しながらも自己を構成している属性の塊である「共同体」として考えることを提案しています。『テセウス』の船の話は、このような永続的なものでありながら変化する自己についての考え方を示す良いメタファーでしょう。

テセウスとアテネの若者たちがクレタ島から戻る時に使った船には30本の櫂があり、アテネ人によってデミトリアス・ファレウスの時代まで保存されていました。彼らは古い板が朽ちてくると取り除き、代わりに新しく丈夫な木材を入れました。この船は当時の状態のままという主張がある一方で、別の物であるという主張もあり、哲学者の間でこの船は、成長するものに関する論理的問題を提起する好例になりました(1)。

鏡で自分自身を見るとき、10年前と同じ自分であるととらえます。

一見すると比較対照には思えないかもしれませんが、自己の問題に取り組んでいる現代の哲学者の一人であるダニエル・デネットは、自己を重心の概念と同一視し、存在しないが問題解決に役立つ「便利なフィクション」であると述べていることで有名です。彼は、自己をフープの重心に例えています。フープの重心は空中にある無の点ですが、それでも重心であることに変わりはありません。例としては分かりやすかったのではないでしょうか。自己というテーマは、哲学者や認知神経科学者が同様に関心を寄せる他の中心的な問題、たとえば主体性や自由意志の感覚とつながっています。

仏教を筆頭に、スピリチュアルで瞑想的な哲学では、永久的な自己という考えは幻想とされ、世界と切り離された個々など存在しないと主張します。実際、仏教では「存在の三徴」として、anattā（パーリ語で「無我」または「無魂」の意）、duḥkha（苦）、aniccā（無常）を挙げています。仏教は人生についてかなり暗い見方をするように聞こえるのは、あなただけではありません。しかし、それは第一印象が歪んでいるのです。私は座学と実践を重ね、無我（または、少なくとも減少した自己）を受け入れること、人生のある側面には固有の苦しみがあること、物事は永久に存在しないことを受け入れることで、いかに解放されるかを知りました。日常生活で無我や苦しみを完全に受け入れられるかどうかはわかりませんが、無常観は自分の世界に取り入れるのに最も強力なアイデアだと思いました。昨年、ノアと一緒に息を呑むような北インドを訪れたとき、僧侶たちが色とりどりの細かい砂で巨大で複雑なマンダラを熱心に作り、完成すると息を吹きかけ、また新しいマンダラを作り始めるのを見ました。無常を忘れないようにし、執着を捨てる手段として、良くできています。私はニリが幼稚園以降に作成した絵や作品を保存していないのですが、それを知ってがっかりしていたニリに、このマンダラの話をしたことがあります。

仏教の修行の考え方は、自己、あるいはエゴと呼ばれるものを解消することです（フロイトがエゴと呼んだものに直接相当するわけではありませんが）。黙想を通して自己を消失することは、少なくとも私にとっては今も昔も大きな挑戦ですが、私たちはその発想に着目しています。自己への執着を取り除くために、瞑想は私たちに、信念を語るようにではなく、世界をありのままに見ることを教えてくれるのです。もちろん、豊かで古くからある仏教のテキストは、ここで紹介した最低限の説明よりもずっと深く、広い範囲に及んでいます。私自身は、アラン・ワッツとジッドゥ・クリシュナムルティが好きです。

自己を消失すること、よりドラマチックな言い方をすれば自我の死は、シロシビン、LSD、DMTなどのサイケデリックな薬物を使うことによっても達成されると言われています。このようなサイケデリック薬の効果や、仏教的な自己消失の方法に関する科学的な厳密な研究は、近年になってようやく始まったものです。しかし、多くの人が「自己とそれ以外の世界との区別がつかなくなる」という効果を一貫して報告していることは、興味深いところです。私は、私たちの心が自己についてこのように根本的に異なる見解を持ちうること、そして、少なくとも理論的には、ある条件下で自己と無我を切り替えることができるかもしれないことに魅力を感じています。さらに、自我の解消は、うつ病やPTSDなどの特定の症状に対して、重要な治療効果をもたらす可能性があります。後の章で、私たちは自己の消失を経験するのに、それほど苦労する必要はないことが分かるでしょう。本当に魅力的な計画に完全に没頭しているとき、あるいは非常に脅威を感じるとき、私たちは自己を意識しなくなり、その間にDMNの活動が抑制されるのです。

心理学では、自己は、認知的、感情的、社会的、その他の側面を含む私たちのアイデンティティを表すものとされています。また、自己認識、自己認知、自尊心などの下位自己から構成されていると考えられています。当然ながら、排他的とは言えないかもしれませんが、自己は記憶に大きく依存しています。自分が誰であるか、何が好きで何が嫌いか、何を恐れ何を望むか、世界とのつながり、自分の目や他人の目から見た自分のアイデンティティなどを記憶しているのです。

臨床心理学では、自己の変容について、もう一つ興味深い議論があります。偉大な精神分析家であり思想家であるドナルド・W・ウィニコットによって開拓されたもので、私たちには真（true）の自己と偽（false）の自己があると言われています（エーリッヒ・フロムはこれを後に本来の（original）自己とにせの（pseudo）自己と呼びました）[2]。ウィニコットによれば、真の自己とは、私たちが幼児期に身につける、世界での経験、現実、そして周囲の環境に対する自発的で本物の反応に関する感覚を指します。その真の自己を維持し、成長させるには、養育者、主に両親からの適切な応答が必要です。私たちの行動が望ましい反応を得られない場合、幼児である私たちは、代わりに親の期待に応えようとし始めるのです。その結果、本当の自分ではなく、自発的でもない、周囲の期待に従順な偽りの自分を育ててしまうのです。私たちは自分自身を失ってしまうのです。この真の自己と偽の自己の区別は、ウィリアム・ジェームズの「主我」と「客我」と同義ではありませんが、仮想のものであろうとなかろうと、自己という構成が私たちの存在意識の中心であるという直観を補強するものです。

認知哲学者はしばしば、自己を2つのタイプに分類します。1つは『ナラティブセルフ』です。これは時間が経過しても持続する概念的な個人のアイデンティティ、つまり自分自身について語る自己であり、『主我』と並列するもので、代理人である自己を反映するものです。もう1つは、『ミニマムセルフ』です。これは瞬間的な自己であり、『客我』に似ていて、経験する対象です。この

2つのタイプの自己は、いずれも私たちの心理的幸福と関連しており、それぞれやや異なる脳領域とネットワークによって媒介されているようです。

自己の背後にある脳については徐々に研究が進んでいますが、DMNが自己意識を最も緊密に媒介する皮質ネットワークであること、マインドワンダリングの内容には自己言及的プロセスが含まれていることは、すでに十分な証拠が得られています。このことは、研究室での実験的操作によって実証されていると言えます。そのような研究の1つとして、自己関連過程とDMNの関連を直接検証することを目的としたfMRI研究を例に挙げてみましょう[3]。この研究では、3つの実験条件がありました。自己言及条件では、参加者は「幸運」「懐疑的」といった特徴の名前を見ながら、この言葉が自分を表しているかどうかを報告する必要があります。これは、参加者に自分自身について考えさせるものです。非自己言及条件では、参加者は呈示された各単語に含まれる母音の数を報告しなければなりませんでした。両条件とも呈示される単語は同じですが、母音を数えることは、特徴を自分に関連づけることに比べて、個人的なことではなく、したがって、自己に関することではありません。3つ目の条件は「休息状態」条件であり、これは参加者に何もしないで休むように指示した場合であり、マインドワンダリングとDMNが個人ごとにどのようにマッピングされるのが一般的なのかが分かる条件です。著者らは、自己言及条件によってDMNに誘発される活性化と、安静状態で、マインドワンダリング条件によって誘発される活性化との間に、非自己言及（母音を数える）条件よりもはるかに大きな重複があることを報告しました。このような研究は、DMNと自己意識の関連性についての我々の進化的な発見を支持するものです。

より具体的には、ＤＭＮはナラティブセルフあるいは自己関連処理に関与しているとされています。また、「直接経験する」最小限の自己は、多感覚統合や内受容感覚を担う島皮質や側頭頭頂接合部などの領域が関与していますが、複数の感覚から届く情報の統合を伴うことを考えれば、理にかなっています。[4] さらに、アビバ・ベルコビッチ＝オハナの研究では、瞑想によって自己意識が低下すると、ＤＭＮの活動が低下することが実証されています。[5]

神経科学的に自己を理解するためには、まだ多くの研究が必要です。これは非常に複雑な研究分野ですが、マインドワンダリングとこの重要な脳機能との関連は十分に立証されています。私たちはおそらく、他者の期待に応えることに夢中になることがいかに強迫観念的であり、動揺させるものであるかを実感を持って理解しているのではないでしょうか。

独りでおしゃべり

私たちは常に自分自身に語りかけています。自己というものは私たちの独り言、内なる言葉、内なる語り手、内なる批評家、私たちを苦しめるあの内なる声の基礎であり、原因でもあります。このことは、ミシガン大学のイーサン・クロス、イギリスのダラム大学のチャールズ・ファーニホウ、カリフォルニア大学サンタバーバラ校のマイケル・ガザニガなどの研究者による実証的、理論的研究によって立証されています。[6]

心の声（インナースピーチ）を心の癖と見ることもできますが、どちらかというと特徴に近いと思います。心の声は、内なる対話と内なるモノローグに大別されます（他にも、言語的思考、声に出さない独り言など、さまざまな呼び名があります)。内なるモノローグでは、自分自身に語りかけます。自分の経験(悪いこと)を語り、自分が計画したり想像したりするこれからの会話をリハーサルしたり、他者と交わした過去の言葉のやりとりを再生してやり直したりするのです。心の声に関する研究は比較的少なく、私たちがどれほど頻繁に内心の声を使っているかという点も加味すると驚くほど少ないのが現状です。しかし、技術的な理由で研究しにくい現象であることを考えれば理解できます。心の声は最も個人的な体験であり、その人の頭の中を覗き込んで調べることはできませんし、実験参加者の個人的な自己申告では、とても科学的な研究にはならないのです。心の声の機能については、認知や行動の発達や制御に関わるとするものと、ワーキングメモリに関わるとするものの2つが主に支配的な学説となっています[7]。しかし、内なるモノローグのもう一つの役割は、抽象的な思考や感情を言葉に置き換え、伝わりやすい形で表現することです。

反応を試すことから恋愛まで、私たちは言葉なしで多くのことを成し遂げることができます。私たちがこれほどまでに言語的である理由は、言葉が自分の思考を他人に伝える主な手段であるのと同様に、私たちが自分の生活について自分自身とコミュニケーションする主な手段でもあるからです。私たちの意識下で使われている言語は、私たちの話し言葉です。もしそうでなかったら、私たちはどのように自分の思考を理解するのか、想像してみてください。言語は思考のための道具であると同時に、コミュニケーションのための道具、あるいはインターフェースでもあります。私たちが文法的に正しく、完全で、首尾一貫した文章で自分に向かって話しているという事実自体が、言語を思考に見せかけてコミュニケーションの道具として使っていることを示しています。このことは、言語能力が発達していなくても、言葉を話す前の子供や、場合によっては動物が思考している可能性を理解するのに役立つかもしれません。考えるという部分はある程度できていますが、言語によって可能になるその思考の伝達は遅れるということです。

私たちの心の声は、声に出して考えることに似ています。すべての言葉は思考ですが、すべての思考が言葉であるわけではありません。視覚的なイメージ、音楽、身体的な感覚、感情、その他の名もなき感情があります。発達、記憶、心的健康、認知、行動、シミュレーション、計画などを促進するために自分自身に語りかけるという機能が考えられますが、私たちは、他者向けではなく自分自身に向けて自分の思考、願望、行動の動機を組み立てるためにインナースピーチを使用します。さらに、インナースピーチは、潜在意識から入ってきた情報を、意識的に伝達可能な言語に翻訳するための効率的なツールでもあります。科学者が厳密な実験によって潜在意識にアプローチするチャレンジ精神を持って取り組んだ範囲では（簡単に研究成果が得られるテーマではないので、あまり選ばれませんが）、潜在意識下で話されている言語が何であるかは分かっていません。しかし、精神分析における啓示や何かをひらめいたときのように、思考が成熟して境界を越えて意識に上るとき、それは私たちが理解できる言語で提示されなければなりません。それでもまだ不十分で、「なぜかわからないが、この人には我慢がならない」「この取引は胡散臭いから、私は降りる」といった不完全な感情が残ることがあります。ほとんどの主張は水面下にとどまっており、アクセスできないために内心でも口にすることができなかったりするのです。「5時になったら走りに行こう」と頭の中で実際に言葉にすることは、今立てた計画を自分に自覚させることでもあります。それは意識的に考えた計画かもしれませんし、無意識的に決めた計画かもしれませんが、はっきりした言葉で語られるまでは、自分の計画を意識することはありません。このように、心の声は意識の言語ともいえるでしょう。

内なる『対話』は、内なる言葉が提供する機能に加えて、さらなる機能を提供します。内なる対話は自分自身とチェスをするようなもので、誰かを騙すわけでもなく、また驚きもなく、物事は予測可能な状態です。つまり、主我と客我の間で行われる、とらえどころのない会話なのです。内なる批評家をなだめようとするのが客我です。善悪や承認欲求に関する永遠の会話です。

主我：私たちの関係がうまくいっていないことを彼女に伝える必要があるよね。
客我：確かに。でもそうしたらもう二度と彼女に会えないな。私は彼女と過ごす時間がとても大好きなのに。
主我：まあ、彼女に期待させ続けるのはフェアじゃないな。
客我：もうちょっとだけ待たせても良いんじゃない。彼女は大人なんだから、いつでも出て行けるだろ。
主我：いや、これは他人を気遣うやり方じゃない。まったく、君はとても自分勝手だ。それに、お互いのためにならないとわかっているのに一緒にいると、いい人が見つからなくなっちゃうよ。
客我：でも、このバケーションが終わってからにしよう。
主我：そうだけど、本気じゃないのにバケーションを楽しめると思う？　しかも、終わってから先延ばしにするのをやめられるのかな。
客我：もちろん！
主我：先延ばしにしないって約束したということはつまり……。
客我：そういえば、先延ばしにすると創造性が高まるという、私の素晴らしいアイデアを覚えてるかな。
主我：また先延ばしかよ。もういいや。休暇を楽しめよ、負け犬。
客我：君も一緒に来るんだ、ボス。だが、静かにしてくれ。僕が没頭できるように。

私たちは、他人と交渉するのと同じように、もう１人の内なる誰かと道徳的・実際的な問題を交渉します。内なる対話の２つの側面は、10代の若者とその父親の会話のように考えることができます。10代の若者は経験し、熱中し、一般的にその瞬間を生きたいと思っていますが、もう１人の自分は、判断し反映する大人なのです。これは明確な、あるいは確立された区別ではありませんが、私たちの頭の中にある２つの声の典型的な議題を検討するための良い方法です。

ここまでの、様々な趣向を凝らした自己についての議論には２つの意図があります。第一に、ここで論じたようにデフォルトモードネットワークとマインドワンダリングを占める中核的な内容の一つとしてここで紹介することでした。この後の２つの章では、その他の中核的内容についても論じたいと思います。自己に関する研究と思考を議論したい第二の理由は、自己と取る視点によって、私たちの心、そして経験が劇的に変化することを理解するためです。私たちが経験する一般的な視点は、没入型であったり、外部の観察者のそれであったりしますが、それぞれが根本的に異なる質の経験をもたらします。この観察者と没入者の区別は、過去に行われた区別、特にウィリアム・ジェームズの「主我と客我」とともに、上記事項を見直すにあたって良いきっかけになると思います。

第5章　何かが道をやってくる

マインドワンダリングを起こすとき、私たちの心とDMNを占めているのは、他人の意図、態度、心的状態を把握するプロセスであるというのが、2番目によく知られている説明です。そして、この大きい皮質で構成される機構が他者を理解するために非常に激しく働いていることは、今思えば不思議なことではありません。他人が何を考え、何を感じているかを読み取ることは、かなり控えめに言っても、非常に厄介なことなのです。しかし、私たちの生存はそれに大きく依存しています。一つには、他者をよく理解することで、他者がもたらすかもしれない脅威を察知することができるからです。しかし、相手と効果的に協力するためにも、それは不可欠なことでもあります。そのため、私たちの心は、この作業に一生懸命取り組むように進化してきたのです。実際、進化論者の中には、他者との社会的相互作用に対する計算能力の必要性が、私たち人類があれほど大きな脳を発達させた理由であると指摘する人もいます[1]。

他者そして自分自身とのコミュニケーション

コミュニケーションは、あらゆる交流において重要です。実際、人間の言い争いの多くは、誤解から生じています。これは科学的な事実ではありませんが、多くの人の心に響くことでしょう。結局のところ、自分の言いたいことを説明することは、見かけほど簡単なことではないのです。私たちの主観では、自分は理解されている、少なくとも本音では自分の意図は完全に明確である、と思っています。しかし、情報伝達の邪魔をする要因はたくさんあります。

哲学者のルートヴィヒ・ウィトゲンシュタインは、人間のコミュニケーションと、明晰さの必要性に興味を持っていました。彼は、誰かに何かを説明するということは、自分の頭の中にあるイメージを最も正確な方法で相手の頭の中に移すことに似ていると考えました。私たちの思考は視覚的な部分が大きいので、これは決して突飛な比喩ではありません。たとえば、他の惑星から来た友人に、アイスクリームが大好きだと伝えたいとします。大好きという説明はひとまず忘れて、アイスクリームに集中しましょう。あなたはそれをどう表現するでしょうか。冷たい、乳製品、甘い、カラフル、コーンの上の丸いもの、固体と液体の間、でしょうか。あなたの友人が、アイスクリームは何であるか、ましてやその味や呼び起こされる感情を理解するには、それで十分でしょうか。そんなことはありません。私たちは通常、そのような齟齬に遭遇することはありませんし、私たちが話す相手のほとんどは、私たちと同じような環境にさらされています。しかし、誤解を生む機会は膨大にあります。たとえば、誰かが「そうだね」、あるいはもっと良い言い方として「まあいいや」と言ったとしましょう。これは例外的に多くの意味を含んでいます（これについては映画『フェイク

(Donnie Brasco)』を見ると、長いチュートリアルがあります)。皮肉を見分けるには、非常に高度な意味論的スキルと社会的スキルが必要です。そのため、小さな子どもは皮肉を理解できず、AIでプログラムされた最高のパーソナルアシスタントでさえ、皮肉に啞然とすることがあるのです。SiriやAlexaで皮肉を言ってみて、どんな結果が出るか試してみてください。また、日常的なコミュニケーションの障害となる例として、犬を職場に連れてくる許可を得ることがあります。あなたの上司が、巨大で、怖くて、汚くて、うるさくて、とても活発なブルテリアを想像している一方で、あなたは、落ち込んで眠そうな白い毛玉のような犬を連れてくるつもりだったということがあります。このように、イメージの違いによって、人間同士の誤解が生じることがあるのです。

私たちは、明瞭さを妨げるものすべてに気づいているわけではありません。少なくとも継続的に気づいてはいません。通常の会話では、私たちはこれから何を聞こうとしているのかを予想しています。友人の文章の終わりを予想することもよくあります。間違っている場合もありますが、それでも私たちは自分の予想に固執する傾向があります。さらに、私たちの個人的な現実認識はさまざまな形で歪んでいるため、2人の間のコミュニケーションでは、互いに意味を理解しようとさまざまな形で歪んだ2つの現実が存在することになるのです。その上、私たちは言葉や概念、考え、感情などを自分の立場から理解しがちです。あなたは、相手の世界観が自分と似ていると想像します。彼は、自分の飲み物の味はライチミルクシェイクだと言います。彼はライチが嫌いだから不味いという意味ですが、あなたはライチが好きだから、彼は自分の飲み物が好きだと思うのです。これは、私たちが「心の理論」と呼んでいる他人の頭の中に入り込む能力の欠如によって起きる、善意の誤解の一例に過ぎないのです。実際、相手の頭の中を想像する能力が乏しいと、自分の能力に対する自信と食い違うことが多く、人間のコミュニケーションはリスクを伴うものになります。

しかし、他者とのコミュニケーション、そして自分自身とのコミュニケーションを阻む最大の障害は、自分の思考や感情の大部分にアクセスできないことかもしれません。先に詳しく説明したように、私たちはその源に意識を向けていないだけなのです。さて、私たちの思考、感情、選択、行動の多くが、意識の裏側で決定されていることについては、すでに魅力的で恐るべき知見が得られています。潜在意識には、複数の機能とメリットがあります（潜在意識という言葉は、広く受け入れられた定義がないことと、多くの科学者がその存在すら認めていないことから、非常に議論の多い言葉であることをここで断っておきます。これらの論争に対処することは、ここでは対象範囲外です。私は、潜在意識に関するフロイトの主な主張のいくつかを避け、私たちが単に知ることのできない心的プロセスにもっと焦点を当てるつもりですので、既存の論争はそれほど重要ではありません）。潜在意識の隠れた働きには、認知的なものと情緒的なものがあります。認知機能では、潜在意識は問題に対して複数の解決策を摸索し続け、最適な解決策に到達してから、それを意識に知らせる「潜伏」のようなプロセスが含まれます。実際、マインドワンダリングとＤＭＮは『創造的潜伏』と関連しています[2]。このような場合、意識的な自己は、燃え上がるような洞察、直感的な反応、予感、あるいはアハ体験としてそれを経験します。そのように感じるのです。このような舞台裏のプロセスは、たとえばある人物の名前を思い出そうとし続けるような、非常に退屈なものでもあります。ですから、潜在意識は私たちの意識から退屈な詳細を取り除き、より興味深い、心的な努力ができるように私たちをら解放してくれるのです。また、潜在意識の働きには、圧倒的な感情や、まだ心の準備が整っておらず解決できていない個人的な「問題」から私たちを守るという効果もありますが、この点に関する神経科学の研究はあまり進んでいません。

実は、私たちは潜在意識によって大きく動かされているのです。自分の人生は自分のコントロール下にあるというのは、多くの観点において幻想なのです。潜在意識は決定を下し、私たちに残されたことは、意識的な気付き（と創造性）を使って、なぜそうするのかという言い訳、つまり最善の推測をでっち上げることです。マイク・ガザニガとジョセフ・ルドゥーはこれを『通訳』と呼び、大脳左半球に存在すると主張しています。自分の心をコントロールしたいという欲求が、思考や行動のひとつひとつを説明するように仕向け、自分の心の動きを所有権や主体性のないままにしておかないのです。私たちが何にでも名前付きのラベルを貼りたがるのと同じように、思考や感情の源を想像することに執着するのは、世界の意味と確実性を切実に求めているためです。ほとんどの場合、潜在意識が私たちを動かし、意識が説明を作り上げるのです。

すべてが潜在意識によって決定されるという意味ではありません。私たちの意識的な心は、確かに私たちの理性的、行動的、熟慮的な生活の多くの側面に責任を負っています。そして、選択をする役割以上に、意識は、私たちが潜在意識からやってくる考えや決断に耳を傾ける度合いをコントロールする実行的な役割を持っています。少なくとも、私たちが適切な抑制を働かせることができれば、意識は門番のようなものになります。プラトンは、戦車乗りが2頭の馬に乗っていることについて話しました。1頭は高貴な馬（意識）、1頭は野獣のような馬（潜在意識）です。私たちは、どんな衝動や一時的感情でも行動する動物ではありませんが、それでもその理由を理解せずに行動することが多く、その結果、思うようなコントロールができないでいるのです。完全に意識的で大脳的に見える選択であっても、大なり小なり潜在意識の要素があるのです。潜在意識の要素の大小は評価できないのですが、まあ、潜在意識ってそういうものですからね。

私は１９９４年に、当時付き合っていたマリアと一緒に博士課程に進むためにイスラエルから渡米し、何年も米国で暮らしていましたが、機会があればまた戻ってこようと考えていました。その可能性を確かめるために行ったある旅行で、乗り継ぎ便を待っている間にノートパソコンを開き、米国での職やその他のオファーと比較して、イスラエルに戻ることについて、キャリア面はもちろん、家族、学校、治安、金銭面など、考えうるすべての基準で長所と短所をリストアップすることにしたのを覚えています。イスラエルは、私が作ったそのリストの中で1位になるには程遠かったのですが、私はノートパソコンを閉じ、「よし、イスラエルに引っ越すぞ」と自分に言い聞かせたのでした。リストの順序付けが示唆するものとは正反対で、意識的なものが最終的結果に影響を与えることはあまりなかったということになります。

潜在意識の内容やプロセスについては、長年にわたって多くの素晴らしいアイディアが語られ、主に潜在意識の魅力について見せてくれるものだったにもかかわらず、私たちはあまり知らないのです。しかし、意識と無意識の間の認知や知覚の違いについては、比較的多くのことが分かっています（私は「無意識」と「潜在意識」を交換可能なものとして扱っていますが、これらが同等であるとか異なる概念を表しているといったコンセンサスはありません）。意識は、次々と操作を行う系列的な働きをしているのに対し、無意識は情報の処理方法がより並列的であることが分かっています。さらに、意識は容量が限られており、認知課題のパフォーマンスは要素の数と心的負荷の程度によって制約されるのですが、潜在意識は容量の影響をあまり受けません。

私たちを動かしているものの多くにアクセスできないことが、私たちが自分自身と向き合ったり、自分自身を他の人に説明したり、他の人を自分自身に説明したりすることができない理由なのです。私たちは、自分たちの存在そのものの根源について、あまり考えを持っていません。私たちがそのように創られているのにはそれなりの理由があるのでしょうが、結果として、誤解に満ちた人生を送ることになるのです。

おそらくその答えは、説明することではなく、物語を捏造する必要を感じずに、潜在意識に仕事をさせることなのでしょう。瞑想は、自分の考えや行動を支配しているという感覚に執着しないという状態を実現するための一つの可能な方法です。静かにするということは、意識的に説明しようとするのをやめるということなのです。ドナルド・ウィニコットはかつて、自分の潜在意識を信頼しない人は日記をつけると言いました。なお、私個人は、潜在意識を信頼しております。

先日、私はオリビアとランチに行きました。1年前の瞑想リトリートで出会った女性です。そこで少し話しただけで、（まあ、最終的に「静寂瞑想」をするので……）それ以来のやりとりは、彼女が2度ほどコーヒーを飲むためにメールをくれただけで、私はなぜか今まで返事をしなかったのです。ほとんど見ず知らずの2人が、1時間会って食事をしておしゃべりをしただけなのに、まるで古い友人のように親近感を覚えました。どうしてそんなことが可能なのでしょうか。もっと長い付き合いの人もたくさんいるのですが、それでもこれほど親しいとは感じません。その答えのひとつは、私たちの気質が知覚に影響を与え、その結果、コミュニケーションに影響を与えるということです。人生の多くは、脳の中で起きているのです。私たちは、自分の中にあるものによって、敵になることも旧友になることもできるのです。そして、ここで触れたように、自分の心の中や他人の心の中で実際に起こっていることを理解する能力は、かなり限られています。だから、他人の心について考えることを「心の理論」と呼び、私たちはそれを実際には知らないのです。しかし、私たちは常に「心の理論」に取り組んでいます。なぜなら、他人の心の中身はその人の行動に影響を与え、その行動を予測することは、その行動を受ける側の私たちにとって至極重要なことだからです。

ＤＭＮにある心の理論

ＴｏＭ（心の理論）は、他者の意図、感情、信念を導き出そうとする継続的な試みであるメンタライジングとも呼ばれ、マインドワンダリングとＤＭＮの２番目の中核的内容として提唱されているものです。この２つを結びつける研究は、最近になって盛んに行われています。この関連付けを行う上で画期的だった代表的な研究を振り返ってみましょう。[3] この研究の目的は、実験参加者が明示的にＴｏＭに取り組んでいるときに測定されるｆＭＲＩ活動と、休息時（マインドワンダリング）のＤＭＮのｆＭＲＩ活動の間に重複があるかどうかを調べ、当時仮説として考えられていた関連性を直接検証できるようにすることでした。有意な重複が見られた場合、マインドワンダリング中にＤＭＮがＴｏＭに関与していることを意味する訳ですが、実際に研究者たちが示したのはそれ以上のことでした。それは、当時まだ十分に確立されていなかった、マインドワンダリングの中核的な内容であることが示唆されているＴｏＭ、自己言及プロセス、プロスペクションを媒介するネットワークが、本当にＤＭＮであるかどうかをより広範に調べることでした（プロスペクションについては次章で詳しく説明します）。実験参加者は、レストランで家族がテーブルを囲んでいるような日常的な光景の写真を見て、次の３つのうちの１つを行うよう求められました。「自己」の条件では、「家族で出かけた時のことを思い出してください」などの命題を用いて、その場面を自分自身に関連付けるように教示されました。この教示は、参加者に個人的な自伝的記憶を参照させ、自分自身の経験を呼び起こさせるものです。「プロスペクション」の条件では、「家族で出かける予定を想像してください」という教示に従って、自分の未来の出来事を想像することになります。３つ目のＴｏＭ条件では、「写真の中の父親が何を考え、感じているかを想像してください」という教示に従って、明確に他の心を推論することになります。また、比較のための対照条件として、他の条件の動作を模倣するように、参加者は「スクランブルされた」無意味な絵を見て、キーボードのボタンを押す課題を与えられました。自己、プロスペクション、ＴｏＭの３つの実験条件はすべて、対照条件よりもはるかにＤＭＮを活性化し、３条件の活性化パターンが有意に重なり合うことが示されました。この研究は、ＤＭＮが私たちの継続的なＴｏＭの取り組みに関与していることを示しただけでなく、自己言及的プロセスやプロスペクションのプロセスとひとまとめにしたのです。

ＴｏＭを考える上で、ＤＭＮは唯一の存在ではありません。扁桃体（しばしば単純化して感情の中枢と呼ばれます）、島皮質（状況認識、身体的プロセス、感情、認知、運動機能まで、多くの機能に関連しています）など、脳の他の多くの部位が関与しています。

神経科学の全容は明らかになっていませんが、ＴｏＭのスキルに関する知見は、ＤＭＮに関する他の研究と私自身の研究との関連性を見出すのに役に立ちました。磁石（ｆＭＲＩ）の中に人を入れ続けるうちに、人は視覚的な連想の際に、過去の経験に基づく一種の予測を行っていることに気づきました。私たちは単に視覚的な入力を受け取るだけでなく、記憶の中からあらゆる手がかりを引き出して、自分が見ているものの意味を構築しているのです。そして、この連想的な活動はＤＭＮに集中しているのです。

より一般化していうと、先ほど詳しく説明したように、連想は、記憶の符号化と検索、そして先を予測するために脳が使っている、エレガントでシンプルかつ非常に強力なツールなのです。私たちは新しい情報を学ぶと、それを過去に記憶した何らかの関連性のある項目と結びつけて（連想して）記憶にとどめるのです。それは、こぼれたコーヒーのしみを象と結びつけて、その形を記号化するかもしれませんし、その形が象を連想させる上、それがあなたにとって記憶する方法だからです。あるいは、数字の羅列をパターンや類似性を見つけることによって記憶するようなものかもしれません。椅子はテーブル、フォークはナイフ、赤信号は「止まれ」、怒っている人が近づいてきたら「隠れろ」というように連想されます。脳は共起現象、つまり統計的な規則性を拾います。なぜなら、一緒に発生したものは一緒に関連する傾向があるからです。また、連想して記号化することで、その情報を取り出すことも容易になります。私たちの記憶は、連想の巨大な網の目のようなもので、あらゆるものが他のあらゆるものと、ある程度分離しながらつながっています。ちょうど、連想によって接続しているもうひとつの巨大な網として知られるインターネットのようになっているのです。しかし、記憶の符号化と検索にとどまらず、連想は、私たちが未来に備えるために予備知識を活用する際の媒介となります。電車の音は踏切を予期させ、バーの向こう側にいる女性が微笑みかけてくれたら、側に近づきたくなるでしょう（映画『エンドレス・ゲーム（Swingers）』のラストは、これの面白い例外と言えますね）。また、美術館に行く前には、服装やお金が必要なこと、見学時間が2～3時間であることなどが分かっています。私たちの生活の中で最も平凡な手順でさえも、記憶に基づく予測によって動いています。DMNにおける連想は、DMNにおける予測、そしてマインドワンダリングにおける予測を意味することになります。

もし連想がなければ、私たちの心が巨大な記憶の網の目の中のあるノードから別のノードへと進んでいく方法が他にあるでしょうか。ですから、他の研究者がToMの能力もまた記憶を利用した一種の予測であることを理解しつつあることは、私にとって非常に興味深いことでした。しかし、外界の事象を連想して予測する能力とは異なり、他人の内面を予測する能力はそれほど正確ではありません。私たちは他人に対するToMの解釈にかなり自信を持ちがちですが、実はその非常に多くの部分をシミュレーションが占めています。それは、事実の観察よりも、人が何を考え、何を感じ、そのために何をするかについて作られたシナリオであり、私たち自身の過去の経験によって大きく偏っているのです。私たちは、「あの人が髪をなびかせて、少し視線を送ったのは、私に気があるからだ」とか、「あの人は、私の父がよくしていたように、私の話をちゃんと聞きつつも私の話を聞き流しているのだ」と考えます。当然ながら、その人を知れば知るほど、こうした連想や予測は信頼性が高くなります。私は、自分の大切な人や子供の表情が何を意味しているのか、あるいは私が言おうとしていることに相手がどう反応するのか、高い確率で正確に予想することができます。しかし、このような知識を他人に投影することは、私たちが考えるほど信頼できることではありません。

私たちのほとんどは、他人の意図を理論的に説明するとき、自分がどれだけ暗闇の中にいるのか気づいていないことがほとんどです。神経科学者であることは、その助けにならないものです。数ヶ月前、私はアメリカを訪れ、マサチューセッツ州ケンブリッジに立ち寄ることにしました。最初の会食は、ダニエル・ギルバートとジョナサン・スクーラーという二人の親友との旧交を温めるディナーでした。ディナーの席でダン（ダニエル・ギルバート）は、翌週にワシントンＤＣで開催される心理科学学会で、権威あるウィリアム・ジェームズ賞を受賞する予定であることを教えてくれました。そして、授賞式のあと、3人の親友がお祝いに飲みに連れて行ってくれると言いました。そこで私は、彼は私が彼らに加わることを提案できるほど親しい友人であるかどうかを探っているのだと思いました。私が「参加する」と言うと、彼は「ぜひどうぞ来てください」と答えました。これでよし。しかし、待てよ、間違えたかもしれない……。

それから2、3日、私はダンの件を勘違いしたのだろうかと苦悩しました。彼は本当に私に来てほしいと思っているのだろうか、それともただの社交辞令だったのだろうか。彼らの中のいい友達の集まりに割り込んでしまっていやしないだろうか。結局行けなかったと連絡したらどうだろう。彼を怒らせてしまうだろうか。私は面倒なことになるのは避けようと決め、思い切って、残念ながら行けなくなったというメモを送りました。ダンはいつものように温かい返事をくれました。そして私は、自分が状況を読み間違えていたのかどうか、よく分からなくなりました。彼が何を考えているのか知りたければ、素直に彼に聞きに行く。これは、相手を理解する上で重要なことだと思います。というのも、ＴｏＭの推測は往々にして的外れなことが多く、時には大げさなこともあるからです。

私たちのＴｏＭの解釈は、純粋な観察ではなく、私たちが構築したシナリオであり、脳はこの活動を習慣的に行っているという事実は、私たちが友人とのやり取りにおいて文末で何を言おうとしているかを予測しようとする頻度に現れています。しかし、それでも間違っていることが多いものです。さらに、この推測をすることを止めるのは困難です。このような衝動を示す面白い研究結果があります。それは、携帯電話で会話している人の隣に座ると、面と向かって話している２人の隣に座るよりも注意やその後の記憶力が散漫になるというものです[4]。携帯電話では、会話の片側しか聞こえないため、相手の言っていることを補おうとして頭がいっぱいになってしまうという訳です。

他者について心的なシナリオを構築するこの傾向がもたらす最も有害な影響の１つは、他者について非常に迅速に第一印象を形成し、その最初の判断に過度の信頼を置くという傾向です。第一印象は心の理論ではなく人格の理論に近いものですが、他人を推論する際の指針となるもので、その意味ではＴｏＭと同じカテゴリーに入ります。私は、予測におけるＤＭＮの役割に関する研究を続ける中で、ＴｏＭの働きを調べ始めました。そして、他人の第一印象は、わずか39ミリ秒の間に形成されることを発見することになったのです[5]。我々が第一印象を重視していることについては、プリンストン大学のアレックス・トドロフの研究室による、ある遠隔地の州の知事候補の写真を見て判断したことが、実際の選挙結果を非常によく予測することを示した研究があります[6]。このことは、その第一印象が驚くほど正確だったことを示唆しているかもしれませんが、より良い解釈は、選挙における候補者の広告や報道の嵐にもかかわらず、その州の有権者も、誰に投票すべきかの判断を主に一瞬の印象に基づいて形成していたというものです。

ここまで、私たちのマインドワンダリングの中核的な内容として、「自己」と「他者の自己」の２つを考えてきました。ＤＭＮで行われている情報やプロセスの副次的な分類は他にも提案されていますが、ここでは、それらすべての基礎となるものを紹介します。

第6章　未来の記憶――想像上の経験から学ぶということ

私は、自己やＴｏＭなどにおけるＤＭＮの役割に関する知見が出始めたとき、興味をそそられました。その理由の一つは、ＤＭＮが何をしようとしているのかを評価する私自身の研究が、当初はあまりに困難なものだったからです。やがて、視覚的連想処理に関する最初の研究が、ＤＭＮの予測的な傾向に関する私自身の発見につながりました。私はまず、人を磁石（ｆＭＲＩ）の中に入れて物を認識させ、脳のどの部分がそのプロセスに関与しているかを調べました。初期の重要な研究成果として、人は対象物が置かれている状況によって、異なる認識をすることが分かりました。私が初めて行った研究では、『デイリーメール』や『オブザーバー』などの新聞で漫画家として活躍していたハロ・ホドソンというアーティストが作った美しい人物の切り絵を使いました[1]。図に示すように、私たちは欠落している要素を補完することに問題はなく、提供される情報が非常に少なくても、人物を容易に認識することができます。この実験では、個々の物体を、元の状況、通常とは異なる状況、または単独で現れるように切り取って呈示しました。このとき、周囲の物体の識別性

(a)
(b)
(c)
HARO
(d)
(e)
(f)
(g)
(h)

や相対的な位置関係といった文脈が、曖昧な個々の物体が何であるかの予測に直接影響を及ぼしました。たとえば、（b）のタバコのパイプは、単独ではパイプと認識できませんが、男の帽子を元の位置に置くと、一瞬でパイプと認識されました。（c）のボタンや（g）の女性の財布も同じで、関連するものを適切な位置に置くだけで、意味のないピクセルの集まりが意味を持つようになるのです。私たちが環境中の物事を解釈する方法は、解釈しようとする物事の特徴だけでなく、それが現れる環境にも依存します。連想は予測を生み、それが一緒になって私たちの世界を理解する助けとなるのです。

マインドワンダリングにおける関連づける予測

こうした研究の積み重ねから、私たちは心に思い浮かべる時に、関連付けて考えているのだと気づきました。そうすることで、大脳皮質の大きな塊、つまり相互接続された領域の巨大なネットワークが確保されることを発見したのです。そして、このネットワークとＤＭＮを比較したところ、両者は驚くほど重なり合っていたのです。[2]

これは当初、非常に不可解なことでした。というのも、当時ＤＭＮに関する文献の大半は、この分野の重鎮たちによる、先ほど取り上げた自我と心の理論に関する研究だったからです。ＤＭＮが連想することや関連付けて考えることにも関与していることを、いったいどう説明したらよいのでしょうか。この難問について考えているうちに、自分自身について考えることも、他人について考えることも、繰り返される経験に基づいて記憶の中で結びつけられた情報の断片間の関連に大きく依存していることに気づきました。たとえば、ある瞬間に自分がどのような人間であるかを考えるとき、私たちは過去に自分が置かれた状況と似たような状況での言動を思い出すことが多いでしょう。

私たちの心は、あちこちで蛇行しながらつながっているのです。レストランで食事をする友人たちの会話の進行になぞらえて、私たちの思考がいかにとりとめのないものであるかを描くことができます。ジョンが、レストランに向かう途中でひどい渋滞に巻き込まれたが、新しい車のステレオはとても素晴らしく、音量を上げて音楽を楽しむことができたので、特に気にはならなかったと言ったとします。大音量の音楽の話によって、アレクサンドラは、父親が10代の頃、寝室でグレイトフル・デッドの曲を大音量で流していたために難聴になったことを持ち出すかもしれません。その結果、ジェスが「レストランのデザートにチェリーガルシアアイスを出してほしい」と軽い感じで言い、それがアダムに火をつけて、新しいダイエットをしているにもかかわらず、デザートにアイスクリームが食べたいと言い、さらに無脂肪食がいかに体に悪いかを話し始めるかもしれません。ジョンは、我々の健康に関して、いかに多くのメディアがインチキであるかについて発言し、食べ物が運ばれてくると、みんな突然数分間黙り込み、新たな連想の糸が生まれるといったことが起きたりします。

連想は心が漂流するときの手段になります。私たちのマインドワンダリングが進化の過程で選択された特性なのか、それとも連想し続ける心を持つことの副作用である「バグ」なのかは議論の余地がありますが、しかし、いずれにせよ、連想がもたらすマインドワンダリングは良い面も悪い面ももたらすものです。連想することは、世の中で自分の進むべき道を見つけるために必要不可欠ですが、連想によって私たちは、現時点の世界に完全に存在することから抜け出してしまうことがよくあります。連想は、重力や引き合う力のようなもので、私たちの心が次の連想ジャンプをしたくなるまで、一つの心的場所に長く留まることを許しません。なぜなら、誘惑に従うのはとても簡単なことだからです。実際、マインドワンダリングを起こす自動的な傾向を止めるには、積極的に抑制をかけるのが一番なのですが、これは常に可能なわけではありませんしエネルギーの面でも気分への悪影響の面でもコストがかかることなのです。

私たちの心は連想することが大好きです。そして、それはなぜなのかということを調べているうちに、連想がその時々に予想することを可能にするのに非常に役立つということに気づきました。株式市場がいつ急落するか、どのチームが大一番に勝つかといった予測は、基本的に誤った考えで行われるものです。一方で、ＴｏＭによる予測に見られるように、深い欠陥を持っている可能性がある場合もありますが、日々の予測の多くは非常に正確であるだけでなく、私たちの機能にとって極めて重要なものです。たとえば、チョコレートを食べ過ぎると体がどう反応するかなど、経験によって築かれた連想に基づいて、直近の関連する未来について予測する場合は、的中することが多いのです。

私たちが人生で行うことのほとんどは、このように経験が下地になっている予測に基づいてなされます。実際、私たちの機能の大部分は予測に依存しています。私たちは常に、もしこうだったらこうなるというシナリオを頭の中で組み立てていますが、その多くは退屈なほど平凡なものです。小雪が降っているときにドレスシューズを履いて外出したら滑ってしまうかもしれない。猫がサイドボードに飛び乗ったら、あの花瓶を倒してしまうかもしれない。これらの思考は、私たちがあまりに高い頻度で、自動的に、そしてしばしば無意識に依存しているからこそ、平凡なものとなっているのです。

私や他の研究者がマインドワンダリングが予測にどのように関わっているかを研究する中で、私が特に興味深く感じた発見は、シミュレーションの構築をするという特殊な予測に、マインドワンダリングがいかに多く費やされているかということでした。DMNはちょっとした動画を思い浮かべるのに夢中になりやすく、それがかなり長引くこともあります。ちなみに、ヘブライ語のスラングでは、このシミュレーション思考を「映画を食べる」という感じに訳すのですが、この思考は映画と同じように、ドラマチックなものになることがあります。この動画のシナリオは人生のチャレンジに備えるために素晴らしく価値のあるものではあるのですが、自分自身についての思考やToMによる推測にとらわれるのと同様に、過度に資源を消費することがあります。なかには、驚くほど精巧なものができあがることがある程です。

先日、ニリとドイツから帰国した際、ターンテーブルで荷物を待っていると、好奇心旺盛なニリは動くベルトのすぐそばまで行き、ベルトの上にこぼれる荷物を見ていました。突然、私の頭の中では、彼女のドレスがベルトに引っかかって引きずられ、周りにいた人たちが大声を出し始めるというシーンがシミュレーションされ始めたのです。赤い非常ボタンがあるかと思い、必死で周りを見回しましたが見つけられず、動いているベルトに飛び乗って、彼女のドレスを引っ張って助けた……というところで、ニリが、私たちのバッグがちょうど出てきたと叫んで、私を現実に引き戻しました。幸いなことに、私のシナリオは実現しませんでしたが、もしそうなっていても、私はすぐに行動に移せていたことでしょう。

私に限っていえば深刻な事故をシミュレーションするのが得意に見えますが、シミュレーションは常に深刻な事故を想定しているわけではありません。このような悲惨な考察は、今を大切にする仕組みの発達よりも、来るべきものへの備えが進化的に優先されてきた理由を示しています。残念なことに、私たちは「今」を大切にしないので、斬新で面白いものを見逃し、創造的なアイデアや総合的に見て豊かな経験をするということができないのです。

連想要素に起因する心的シミュレーション

先回りして動く脳が生み出す予測は、複雑なシミュレーションの基礎となるだけでなく、私たちの一つ一つの判断の根底にあります。ドイツの哲学者カール・ポパーは、「仮説を殺すことで人は生き残る」という名言を残しています。連想に基づく予測やシミュレーション（心的な「予行演習」）は、一連の関連する選択の想定しうる結果を可視化させ、木のように表現したディシジョン・ツリー（決定木）上で各選択肢の可能な結果を比較検討し、最も望ましい結果をもたらすと予想される行動を選択するのに役立つのです。ここにいるべきか、それとも今すぐ行くべきか。行動指針の選択、たとえ昼食に何を食べるかであっても、それぞれの選択肢の決定によって生じる複数の未来について、内部シミュレーションを「実行」することになります。結婚するかしないか（チャールズ・ダーウィンが結婚の長所と短所を挙げた有名なリストを考えると良いでしょう）、南米に旅行するか東南アジアに旅行するか、チーズケーキかチョコレートケーキか。それぞれの決断は分岐点であり、少なくとも2つの選択肢があります。私たちは、意識的であろうとなかろうと、予測される結果と代替となる体験によるその後の展開を素早くシミュレーションしますが、これは記憶と過去の体験があるからできるものです。そして、私たちは望む方を選択します。たとえば、花束を持って帰ったり、あるいは道ばたで見つけた気に入ったガラクタを持って帰ろうとする時、配偶者の反応は予想できます。チョコレートバーを食べることを選択すれば、口や頭、胃の中の感覚を予測できます。私たちは、突発的な旅行がもたらす楽しさと、費やす時間とお金を思い描いて天秤に掛けることができます。すべての決定は、基本的に期待される報酬（または罰）の結果によって導かれ、そして、私たちは報酬を求めます。報酬が私たちの行動の指針となるのです。

私たちの真ん中の娘ナディアは生まれつきの認知神経科学者で、7歳のときから私が研究室で試すべき実験について洞察し、創造的な提案をしてくれました。彼女は難しい決断を下すための素晴らしいアルゴリズムを考え出しました。彼女がやっているのは（そして今では私もやっていますが）、2つの選択肢の間でコインを投げ、その結果に対する自身の反応を注意深く観察することです。そして、勝ったほうに対する反応に基づいて、2つの選択肢のうちどちらかを選ぶのです。やってみるまでは些細なことに聞こえるかもしれませんが、ついさっきまで同等に見えた2つの決断のうち、どちらかが勝ったときに、強い安堵と失望を感じることができることに驚かされました。このように、ある未来に対する最善の予測も、実際に決断を下すまでは有効とは限らず、シミュレーションはその程度のものでしかないのです。

すべての決断が、綿密なシミュレーションと熟考の結果であるとは限りません。中には、衝動的で、その場の思いつきで、行動する前に何らかのシミュレーションを経ているのかどうかわからないような意思決定もあります。子どもはその好例でしょう。彼らはまだシミュレーションをするのに十分な経験を持っていませんし、シミュレーションをするための前頭前野も発達していません。前頭前野が発達していないために、抑制が効かず、結果に対する理解も不足し、事前判断の熟慮をあまりしません。ある日、息子のノールと未舗装のサイクリングロードを走っていて小さな丘に差し掛かったとき、私は急に立ち止まって向こう側に何があるのかを確認しました。息子はがっかりして、苛立ちながら「なんでだよ、父さん。せっかく楽しいのに！」と。私は息子に、まずジャンプしても安全かどうかを確認し、丘の向こう側に何が待ち受けているかを見て驚きを最小限にとどめ、スリルを味わう前にもっと十分な情報に基づいて選択肢を検討したかったのだと説明しました（丘を比喩的な意味に捉えて考えて貰っても大丈夫です）。彼は私のことをダサいと思っていましたが、私は長年の経験で学んだことを使っただけなのです。

衝動的な意思決定の他に、シミュレーションが先行しないタイプとして、より自動的な意思決定が挙げられます。暑い中、長い距離を走って帰ってきたとき、その瞬間に水やリンゴジュースなど、何でもいいから冷たいものが飲みたくなります。このとき、シミュレーションを必要としない、決断さえ必要としない、明白なニーズがあるようにみえます。それは経験によって徹底的に学習された自動的な反応であり、状態と行動の関連付けなのです。これは私たちの脳の働きのもう一つの巧妙な点で、十分に学習されたものは何でも自動化されるので、それに遭遇するたびに新たにシミュレーションする必要はないのです。

しかし、ほとんどの意思決定において、私たちは記憶や過去の経験を使って、それらの予測やシミュレーションを構築しています。行ったことのない街の図書館を想像したり、イチゴジャムになぜかブラックペッパーを混ぜた味を想像したりする場合、過去の経験を取り出して修正することで、かなりの確率で予想することができるでしょう。私たちは、過去を頼りにして、未来を想像しています。この点を強調するために、死後の人生がどのように見えるか、あるいは宇宙人がどのように見えるかを想像してみてください。そのシミュレーションが完全にフィクションであり、根拠がなく、幻想的であると感じるのは、そのシミュレーションのベースとなる実体験がないからです。一方で、ピンクのタイツをはいたライオンが、月の上で２本のヤシの木の間に結ばれたハンモックで本を読んでいる姿を想像するのは、まったく問題ないでしょう。

私たちは、時には血と汗と涙で稼いだ経験を未来のために記憶していますが、シミュレーションで想像した経験も「記憶」として記憶しています。シミュレーションは、実体験のようでいて、ただ想像しているだけなので、実体験のような心の傷ができません。私たちの脳の強力な特性は、実体験に基づく本物の記憶と同じように、豊かで精巧な情報に基づくシミュレーションも、やがて記憶に蓄積され、後に行動の台本として取り出せるようになるということです。あなたは夕方、車で家に帰りつつ夕食の計画を立てているとします。朝、冷蔵庫の中にあった食材のイメージを思い出しました。そしてその食材と、自分が知っている料理のレシピ、それに自分が何を食べたいかを教えてくれる体のシグナルについて考えます。そして、食事全体のプランができあがるまで、それを繰り返すのです。このシミュレーションの最終結果、つまりプランは、あなたの記憶に保存されます。家に帰れば、ほぼ自動的に台本を実行することができるのです。もちろん、台本には、あまりつまらないとは言えない（しかし役に立つ）シナリオもあります。あなたは、インドのエキゾチックな道を走るローカルバスに座っているとします。そして、運転手は、部外者からみたら無謀に見える程にスピードを出し、道路は曲がっているので、あなたはバスが横転したらどうしようと考え始めました。自分の体が受ける可能性のある衝撃について、頭や肩はどうなるのか、どうすれば怪我を最小限に抑えられるのか、もしバスが左や右に転がったら、といったことを考えるのです。他の多くのシミュレーションと同じように、これは突飛な話で、本当に起こる可能性は低いかもしれません。それでも、もしそれが起こったなら、あなたは準備万端の乗客となることでしょう。

この問題について何年研究していても、私たちが思考や想像から学び、起こらなかった経験から学ぶことができるということに、私は感動を禁じ得ません。

また、シミュレーションは、時に確実すぎると言えるほど、想像した体験に関連する感情や感覚を呼び起こすことができます。私が長年参加していたある学術大会は、フロリダ州の華やかな西海岸沿いのさまざまな町で開催されていました。ある年、ボストンからタンパへのフライト中、私は頭の中で、いつものように着陸後の展開を想像し始めたのを覚えています。荷物をピックアップし、レンタカーのオフィスに行き、赤いコンバーチブルのマスタングを選び（科学者だって暴走することがあるのです……）、２時間ほどドライブし、ホテルにチェックインし、荷物を解き、ランニングウェアに着替えて、美しいビーチで1時間走り、戻ってきてシャワーを浴び、下の階にある素晴らしいレストランでビールとともに自分の好きなおいしい食事をし、部屋に戻って明日の研究発表プログラムをチェックして映画を見て眠りにつくのです。完璧な数時間のように思えますが、詳細なシミュレーションを終えた今の私の心には、すべて経験したように思え、実際に実行する意味がなかったのです。だから、私はその代わりにベッドで寝ていました。シミュレーションのリアルさは、期待が大きいと失望することが多い理由かもしれません。なぜなら、シミュレーションの段階で、すでに楽しみの大半を経験しているからです。一方、期待値が低いと、まだ体験していないことがたくさんあります。しかし、私が仏教から学んだことは、時には全く期待しないことが最善であるということです。

また、リアルなシミュレーションは、やる気が出なくて先延ばしにしていたことを実行に移すための意外な武器になります。シミュレーションをすることで、出来事が身近に感じられるのです。私は、シミュレーションによって物事がよりもっともらしく見えるようにするプロセスを、心的な条件反射と呼んでいます。ベッドに横たわり、走りに行く気力もない状態のときに、ランニングウェアを着て、ランニングシューズの紐を結び、携帯電話を腕につけ、家の鍵を後ろポケットに入れて、玄関を出るところまでを想像してみます。自分の走るルートや、道中で見たり、感じたりするであろうものを想像すると、実際に走るまでの間に緩衝材や障害物がなく、すべての体験が突然、より差し迫ったものに感じられるのです。このことは、心的活動と身体的行動の関連性について、何か重要なことを教えてくれているのかもしれません。実際、試験準備のプロセスを頭の中でシミュレートすると、勉強がはかどり、成績も向上します[3]。また、心的な練習は、初心者の外科医がストレスを管理するのに役立つなど、さまざまなメリットがあります[4]。

かつて、認識と行動の研究に大きな影響を与えたものがあります。それは心理学者J・J・ギブソンによって作られた『アフォーダンス』という言葉です。これは、目の前にあるものの特徴が、どの程度アフォード（特定の行動の選択肢として存在）しているかということです。この原理はインタラクションデザインの指針となり、知覚や行動の研究だけでなく、建築、広告、プロダクトデザインなどにも応用できるものです。そのため、より詳細なシミュレーションを行うことで、アフォーダンスの把握具合が高まることになります。ランニングは、その詳細を思い描くことで、より実行しやすいものになります。シミュレーションは、これから起こるかもしれない出来事の認知度や実現可能性を高めるだけではありません。しかし、シミュレーションは、ランニング後の高揚感のように、そのイベントに関連する感情や報酬を思い起こさせ、立ち上がってそれを実行するために必要な動機付けとなります。たとえば、製品のデザインは、潜在的な顧客がその製品を使っている姿を容易に想像できるようにする必要があります。実際、私たちの体全体は予期しながら動いているように見えます。レモンやチョコレートバーを噛もうとすると、舌は先行して唾液分泌を行い、実際の味覚体験を容易にし、その後、咀嚼や飲み込みができるようにします[5]。シミュレーションは、私たちがこれから経験することに備え、受け入れることを助けてくれるのです。

これらを総合すると、記憶、すなわち蓄積された連想は、予測を生み出すための手段として使われること、そして予測は、環境との相互作用を主体的に準備し最適化するのに役立ち、また心的シミュレーションの構成要素として使われることが理解できます。しかし、脳のデフォルトネットワーク（ＤＭＮ）、そしてそれに対応するマインドワンダリングは、未来に関わることだけではありません。より一般的には、心的な時間旅行のための壮大な装置であり、多様な思考内容のためのプラットフォームなのです。

心的なタイムトラベル

反復視は、視覚刺激が消失した後も視覚イメージが持続する不思議な神経疾患です。これは、愛犬をしばらく見つめた後、読みかけの文章に目を移すと、文章の上にまだ愛犬が重なって見えるというものです。この現象は、視覚野の障害、てんかん発作、神経細胞の過剰興奮など、複数の原因によって引き起こされる可能性があります。環境に関する錯覚や内部で発生する幻覚を伴うこともあり、様々な症状を伴いますが、結果はどれも患者の衰弱に繋がります。反復視はそれほど一般的ではありませんが（私がこの症状を覚えていたのは、最近、テレビ番組「ティーン・ウルフ」の登場人物がこのことを話しているのを聞いて、娘のナディアが興味を示していたからです）、純粋な認識と混乱がもたらす破壊的な影響に価値を見出すことができるのです。

反復視の患者のように２つのイメージが重なって見えるのではなく、常に３つの無関係なイメージが重なり合って見えることを想像してみてください。たとえば、海辺と会議室と顔のアップを重ね合わせたスライドやフィルムのネガを、透明なフィルムで見せることができますよね。顔に集中したくても、他の2つのイメージが邪魔をして、顔の質感や詳細な部分から遠ざかってしまうのです。このように、私たちは人生の大半を、複雑な重ね合わせの雑念の中で、しかもそうとは知らずに過ごしているのです。どの瞬間にも、あなたの思考の内容は、現在（目の前にあるもの）、過去（現在との関連があるなしに関わらない、ランダムな回想や記憶）、未来（計画、結果の吟味、あるいは単なる心配）からなり、顔の数こそ違いますが双面で過去と未来を見ることができるヤヌス神のように3面性を持っています。考えてみてください。チョコレートバーを口にしたときの味、それを買ったときのレジ係との会話、そしてこのチョコレートを堪能した結果行わなければならない運動、喜び、罪悪感、イメージ、言葉が、過去、現在、未来と混在して、ワーキングメモリに同時に保持されているのです。過去、現在、未来が混在する中で、どうして人生そのものである現在に没頭できるのでしょうか。

心の中にあるタイムトラベルの驚くべき能力は強力で、役に立つことがあります。私たちは、時間や話題を越えてマインドワンダリングを起こす傾向があることを自覚し、それを最善の利益のために利用するよう努力しなければなりません。もちろん、計画を立てたり（未来）、失敗から学んだり（過去）することは必要ですが、現在を楽しむことを邪魔されるのは困ります。つまり、心的なタイムトラベルは贈り物であると同時に呪いでもあるのです。準備や回想に役立ちますが、同時に現在を奪ってしまうのです。

最近、ある有名な、興味を惹かれる成功した人物の大きなイベントの録音を偶然見つけたのですが、彼は「今」の力を大いに推進していました。彼はまず、過去を振り返ることはほとんどないと言ったのですが、失礼ながら私はそうではないと思っています。私たちは心的なタイムトラベルを意識していないかもしれないですし、現在のことをより意識的に考えるように訓練することはできるかもしれません。しかし、私たちの頭の中にある何かが、過去の経験を参照し、次に何をすべきかを導き出さなければ、道を渡ることすらできないのです。我々は、蓄積された経験に寄りかかって人生をサーフィンするようにできているのです。生涯を通じて得られる経験というものは記憶に蓄積され、そしてある時突然その記憶から貴方の元へやってきます。常に今であることは、その生涯にわたり蓄積された記憶やトップダウンで流れてくる経験の恩恵を受けないことを意味するのです。

「自由の代償は永遠の警戒心である」というのは、私が大好きな言葉です。この言葉は、多くの場合トマス・ジェファーソン（1834年）やジョン・フィルポット・カラン（1808年）の言葉とされます。探検するということは、自由と同じような意味だと思います。しかし、確かにそれは学習や楽しい冒険だけでなく、常に警戒を怠らず、記憶で学習しないことを伴います。この警戒心が高まった段階で永久にいることは、コストも危険も伴いますから、我々が蓄積された経験に寄りかかるようになっていることはよく理解できます。もちろん、時折、比喩的に、あるいは文字通りの意味でバンジージャンプをすることはできますが、それが通常の状態であるならば、あまり大きなことは成し遂げられないでしょう。

そして、その心的な時間旅行というものについて、詩人アルベルト・カエイロ（フェルナンド・ペソア）はこう書いています。

現在を生きよと貴方は言う。
現在だけを生きろ、と。
しかし、私が欲しいのは現在ではなく、現実です。
私が欲しいのは、存在するものであって、それを測るための時間ではありません。
現在とは何でしょう?
それは過去や未来と関係するものです。
他のものが存在することによって、存在するものです。
私が欲しいのは現在を抜きにして現実だけなのです。
私は、自分の計画に時間を入れたくはありません。
私は物事を現在と考えるのではなく、物事として考えたいのです。

私は何度かヴィパッサナー・リトリートに参加しているのですが、海外から教えに来てくれる経験豊富な先生たちが、どうして将来のことを考えずに旅行の手配をしているのだろうと不思議に思うことがあります。カレンダーに印をつけるだけでなく、最適な旅程を選び、他のプランと組み合わせ、空港までの移動や空港からの移動、荷物の中身、旅行の時間を確保するために済ませておくべきこと、遅延や乗り遅れのようなさまざまな災難にどう備えるか、これらすべてに記憶ベース（過去）のシミュレーション（未来）が必要です。もちろん、常に現在だけにいることはできません。そうでなければ、人類は月に到達することも、多くのことを成し遂げることもできなかったでしょう。私たちの脳は、計画や準備のために作られたプロアクティブな脳なので、この傾向と戦うのは難しいし、必ずしも推奨されるものではありません。また、仮に計画性と完全に戦うことができたとしても、私たちが気づかないところで、たくさんの計画性が働いているはずです。たとえ私たちが洞窟の中で暮らしていて、必要なものはすべて他人が満たしてくれ、心配することはまったくなかったとしても、です。コップ一杯の水を手に取るだけでも、未来を最適化する「運動計画」を実行する必要があります。腕をどこまで、どのくらいの速さで、どのくらいの筋力で伸ばすか。指をどのくらい広げ、どの程度の力でグラスを持てば、圧力でグラスが割れたり、手から落ちたりしないか。私たちの身体の一部は、常に何らかの計画で忙しくしていますが、そのすべてをＤＭＮが行っているわけではなく、むしろもっと専用の脳領域を使用しています。その秘密は、それを特定の状況、特定の実用的なものに限定することです。マインドフルネス瞑想は、その意味で、未来に費やす時間を、絶対に必要なものに最小限に抑えることができるのです。そして、その過程で、自分の頭の中で行われているプランニングをマインドフルに（意識的に）行うこともできるようになります。

マインドワンダリング、白昼夢、もの思い（たとえばトーマス・オグデンによって使用されているより心理療法的な文脈での意味）は、まとめて複数のタイプの内容を含んでいます。これらに共通しているのは、これらの異なる内容やプロセスが何か有益なことを成し遂げるということであり、同時にこれらはすべて、あなたの意識が目標に向かっておらず、完全に現在にいるわけではないことを意味しているのです。クロスワードを解く、スポーツカーを運転する、恋愛をするなど、特定の負荷のかかる作業に従事しているとき、心は目の前の活動で忙しくなり、そのそれぞれに対して脳は専用の領域、ネットワーク、神経活動のパターンを持っています。そのような時、デフォルトモードネットワークはマインドワンダリングによる内容で満たされることが少なくなります。とはいえ、日常のほとんどの作業は、私たちにとって十分簡単なものなので、心的資源が使われずに残ってしまい、この余剰分は、今やっていることとは関係のない思考、マインドワンダリングに使われるのです。

これらを総合すると、脳のデフォルトモードネットワークが様々な趣向のマインドワンダリングに占拠される状態は、二値的なものではないことが分かります。むしろ、高から低までのスペクトラムであり、このスペクトラムに沿った状態は次の通りです。最も消費量の多いタスクに従事しているため、裏で実行される必要な計画を含め、マインドワンダリングを起こすリソースが全く残っていない状態。中程度の消費量のタスクに従事しており、マインドワンダリングや既定の行動を起こすためのリソースが残されている状態。シャワー中や交通渋滞中など、まったく何もしていないため、デフォルトモードネットワークのすべて、または少なくともそのほとんどが、タスクに依存しない自発的なマインドワンダリングによる思考で忙しくなっている状態。あるいは、話を聞いたり見たりするなどのタスクに忙殺されているはずなのに、心あらずの状態になってしまうという、頻繁に起きる状態もあります。授業中に白昼夢を見るということは、聴講という一つのタスクでさえ、心的な旅をしたいという脳の欲求に乗っ取られていることを意味します。コメディアンのスティーブン・ライトはかつて「白昼夢を見ようとしたんだけど、気が散ってしまった」というジョークを言いました。このジョークが面白かったのは、白昼夢をみている間、思考があちこちに散らばっていると知っているからです。タスクがあろうとなかろうと、私たちの心は駆け巡っています。特定の目標の達成を狙っていないのであれば、白昼夢を見たり、空想したり、記憶の反芻や執着をしたり、過去のことを思い出したり、将来のことを心配したりしていることでしょう。ただ一つ確かなことは、私たちの心は決して怠け者ではないということです。

第7章　目新しさの消失

人間は生まれながらにして新しいものへの中毒性を持っています。広告主はずっと前からそのことを知っていたようです。子どもの発達を研究する研究者たちは、赤ちゃんでさえ、見たことのあるものよりも、初めて見るもののほうを明らかに好むことを発見しています。この目新しさへの嗜好性は非常に強く、信頼性が高いため、言葉を話す前の赤ちゃんの認識を研究する方法として利用されています。たとえば、赤ちゃんにトマトを見せた後、もう一度トマトとキュウリを見せると、キュウリを見ます。これは、トマトを見慣れたものと認識したことを意味します。脳は目新しいものに目を向けるのです。幼児がペーパークリップを長い時間かけてチェックすることができるのは、このような理由からだと説明できます。

新しいものは、未来をもたらす

なぜ、私たちは目新しさに惹かれるのでしょうか。その答えは、私たちの存在における記憶の本当の役割と関係があります。私たちは、次に何が起こるかを予測し、未来に対して最適な準備をしておきたいのです。そして、そのような予測をするために、私たちは記憶を頼りに、過去の経験から未来を推測します。新しいものは、私たちが予期していなかったものです。そのため、私たちはそれを検証し、発見したことを記憶のデータベースに登録し、将来どのように再遭遇してもいいように準備するのです。目新しさに惹かれ、新しいものをすべて飲み込むことで、準備できる状況の幅が広がるのです。だから、好き嫌いに関係ないと言いつつ、好きではないことのほうが多いのですが、目新しさに惹かれることが私たちの中に染み付いているのです。より良い準備は、より良い生存と成功の可能性を意味します。

私たちは、日常生活の中で、どのように過去の経験を予測に活かしているのでしょうか。我々が発表した『プロアクティブな（先を見越した）脳』の枠組みによれば、ある状況に陥ると、すぐに過去の類似した状況とのアナロジーを探そうとします[1]。たとえば、初めて両親にボストンやサンフランシスコの街並みを見せたとき、父が過去に見た街と比べ続けていたことが印象に残っています。また、私たちは初めて会う人を、すでに知っている人と比較することがあります。新しい俳優が登場すると、脳はすぐにその人物から連想される人物を探そうと働きます。優れた視覚科学者であるデービッド・マーは、私たちの視覚システムの目的は、何がどこにあるのかを理解することだと言いました[2]。その時、両親と新しい道を歩きながら、脳が最初にする質問は、「これは何だろう」ではなく、「これはどんなものだろう」なのだと気づかされました。インプットされたものを既存の記憶と結びつけ、すばやく類推することで、経験によって蓄積された知識や連想の海にアクセスすることができるのです。新しいタイプの椅子を見て、これは見たことがないと思っても、すでに知っている椅子のカテゴリーと十分な数の特徴（脚、支えなど）を共有しているので、椅子として認識することができるのです。一旦この関連付けがなされると、この特定の品物を人生で一度も見たことがなくても、あなたはその機能、おおよその重量、おおよその価格さえも知ることになります。私たちが環境を解釈し、予測する能力は、私たちの過去に依存しているのです。これは、私たちの心が持つ非常に強力な能力です。しかし、私たちは一日のうちにあまりにも頻繁に、あまりにもスムーズに、見たこともないものを見て、すぐにそれについて多くのことを知るため、あまり評価されない傾向にあります。

進化によって、私たちが新しいものに惹かれるようになったのは、理にかなっています。なぜなら、私たちがよく知らないことや予想もしなかったことが、私たちに脅威を与えるかもしれないからです。実際、私たちの心は基本的に新しいものを危険なものとして解釈します。あるボストンの冬の午後、裏庭に座っていたら、突然、右の腰にナイフか注射針で刺されたような尖った深い感触を覚えました。その瞬間、恐怖が私を包み込みました。その部分を調べると水滴が見えたのでした。頭上の溶けたつららから、凍えるような冷たい雫が、セーターとズボンの間に入り込んできたというわけです。これは、事前の予想がない時に、どのようにして突飛な解釈が起きるかという例ですが、私たちが日々刻々と感じている感覚の大半は、ある程度予想されたものです。信じがたい話ですし、まるで私たちが予測可能で退屈な人生を送っているように聞こえます。しかし、これは知覚や反応、あるいは映画の結末を予測するために経験を利用する力であり、ごく一般的なものなのです。

しかし、この小さなつららの逸話は、私たちが意味付け抜きにただ感じ取るということができないことも示しています。私は冷たさを感じ取り、脳はその説明をしようと躍起になりました。なぜ、大げさな説明になってしまったのかはともかくとしてです。もし、マインドフルネスや他の瞑想法が推奨するように、ただ感じることができれば、私はパニックにならずにその感覚を観察していたかもしれません。しかし、人間はそうはなっていないということです。私はこの知覚を予測していませんでしたし、解釈なしにただ感じることができなかったので、脳がそれに意味を付けてしまったのです。

前章で出てきたハロの図形を思い出してください。曖昧なものは、文脈の情報によってその正体と意味が曖昧ではなくなるまで、曖昧なままです。曖昧なドライヤーは、作業場のレイアウトの中ではドリルに見え、浴室やヘアサロンのレイアウトの中ではヘアドライヤーに見えるのです[3]。同様に、bankという単語は、waterのような川の文脈に関連する単語の後に現れると土手と解釈され、saveのような単語の前に現れると銀行と解釈されます[4]。しかし、文脈情報が曖昧さ解消に利用できるようになるまでは、私のつらら事件のように、否定的な解釈に引き寄せられてしまうのです[5]。

新しい情報を古い枠組みにはめ込むことは、私たちの生活の意味と確実性を最大化するための巧妙なメカニズムです。しかし、この巧妙さには重大な裏返しがあります。そのトレードオフは明らかです。私たちは、自分の感覚に意味を持たせて、できるだけ早くその理解に従って反応することで自分を守ろうと努力するか、解釈を中断してただ感じ、潜在的な脅威に自分をさらすことを許容するかのどちらかです。いつ何をするかは意識と実践の問題なのです。

記憶の認識

　私たちは、幼少期から周りの物理的な世界に触れながら、経験と知識を蓄積してきました。そして、世界や物、人がどのように振る舞うか、どのように対応するのがベストか、何が好きか、何がほしいか、何を恐れるかなどに関する記憶のライブラリーを徐々に構築していくのです。私たちは常にこの知識を充実させようと努力しており、それは私たちの注意を引くものや、体験が終わった後も記憶に残っているものに反映されています。新しい経験――状況、刺激、画像、文章、会話、人物、映画、レストラン――に遭遇したとき、私たちはこの知識を展開し、その経験を最適と思われるように解釈し、反応するのを助けます。このように既存の枠組みが新しい経験に影響を与えるのは、「トップダウン」です。経験ベースの予想は、私たちが世界を迅速かつ効率的に理解するための強力な方法ですが、それは唯一の要素ではありません。先入観、願望、バイアスもまた、大脳皮質の高次領域から流れ込んできており、本来ならば事実に基づいて正確に理解できるはずの私たちを取り巻く日常生活を支配しているのです。

　イマヌエル・カントの哲学では、私たちが世界の中のものをどのように知覚しているかということと、彼が「物自体」と呼んだものとの間に区別があります。私たちの注意の対象である物そのものの特徴に関する物理的な真実があり、それが私たちにどのように見えるかがあるのです。物自体とは、観察された物体や現象の実際の性質に関わるもので、赤い、曲がっている、大きい、遠い、など、誰が観察しているか、さらに観察されていようがいまいが関係ないものです。カントが言うように、「実際、感官の対象を――当然のことながら――単なる現象と見なすならば、我々はこのことによって同時に、現象の根底に物自体の存することを認めることになる、しかしその場合にも、この物自体がどのような性質のものであるかを知るのではなくて、物自体の現れであるところの現象を知るだけである、換言すれば、我々に知られていないこの何か或るものが、我々の感官を触発する仕方を知るだけである」という訳です[6]。

物自体が真実であり、知覚は個人の中での真実ということになります。これが私たちの生き方であり、私たちはずっとそうして生きてきました。ドイツの哲学者であり魅力的な厭世主義者であるアルトゥール・ショーペンハウアーは、４巻からなる『意志と表象としての世界』でカントの見解を支持し、興味深い方向に拡張しました。そこには、表象とは外観であり、意志とは物自体であると記されています。私たちの心は、ここでも、私たちの主観的な知覚に対して自信を持たせてくれています。多くの飛行機では、ガス残量や飛行機の姿勢といった重要なパラメータには、それぞれ独立した２つの計器があります。宙返りを数回行い、何が上で何が下かわからなくなると、パイロットは自分の認識する飛行機の向きが指示器よりも正確であると確信するようになるかもしれません。そこで、パイロットの主観的で不安定な感覚ではなく、表示器そのものが物自体であることを明確にするために、２台目の表示器を設置することにしたのです。

私たちは、すでに知っていることに頼ることが多くなり、新たに認識することが少なくなります。経験を重ねれば重ねるほど、記憶のレンズを通して、その時々の生活を解釈するようになるのです。

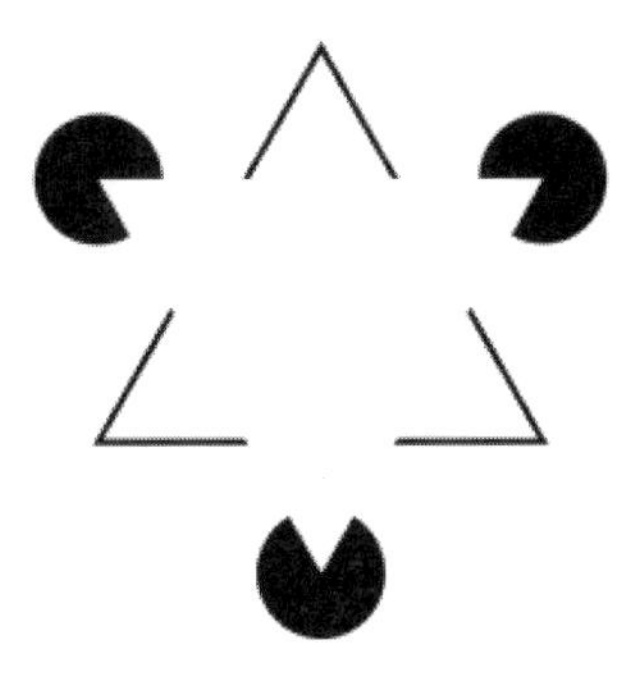

悲しいかな、ある年齢を超えると目新しいことはほとんどなくなり、日常のほとんどの場面で、何らかの形ですでに過去に経験したことがあることになります。私たちは、周囲の環境を探索することがだんだん少なくなり、次第に慣れ親しんだものになり、じっくり観察する必要がなくなります。そこにいたことがある、それをやったことがあるという具合です。私たちの周りにあるすべてのものに細心の注意を払い、見て、聞いて、感じているものに心を開いて夢中になるという美しい傾向は、どうしようもなく消え去ってしまうのです。

私たちは、期待されるものを探しすぎて、それがないときでも見てしまうのです。上図は、カニッツァの三角形と呼ばれるもので、多くの研究によって顕著に示されています。この図を見せられた人は、真ん中に白い三角形があるように見えます。しかしこれは目の錯覚で、パックマンのような3つの生き物が3つの角度を印象づけ、互いに整列しているので、あとは脳が補完し、三角形があると思うところに、三角形が見えるのです。そのため、視覚野の最も初期の領域にある神経細胞でさえ、想像上の線に対してあたかも実在するかのような反応を示すようになります。[7] 徐々に、知覚は、そこにある特徴に対する真実の反応というよりも、記憶からの期待を再確認する過程になっていくのです。

脳科学は、前頭前皮質が、対象物が何であるかというトップダウン情報を視覚野の初期段階の神経細胞に送り、それをどのように解釈するかを教えて、最終的に正体を決定しているのであって、神経細胞が、フィルターを通さない観測情報のみを側頭葉に送ることを許していないということを解明しました。もしボトムアップの情報だけが私たちの知覚を駆動しているのであれば、私たちにはあの幻の白い三角形がなく、３つのパックマンがそのまま見えているはずです。しかし、私たちの知覚は、トップダウン情報と感覚からのボトムアップ情報が混在しているのです。ボトムアップの情報が周囲の物理的な性質を提供し、トップダウンのプロセスがその知覚に意味を付与していくのが理想的ではあるのですが、これまで見てきたように、私たちは時として、予備知識や一般化した情報を過剰に利用してしまうことがあるのです。

柔軟な思考は、心を強くする

少し前の朝のジョギングで、クエンティン・タランティーノに出くわしました。タランティーノはその時、テルアビブの公園を歩いていました。周囲は、彼に気づかない若い母親や赤ん坊、ゴミ、カラスといった状況で、あらゆる点でハリウッドヒルズとはかけ離れた環境でした。このシュールな世界では、どんなものでも受け入れることができるようです。タランティーノは、私が最も好きな監督の一人です。しかし、数週間前にも近所のカフェで彼に遭遇し、子供っぽくファンであることを明かしたこともあり、今回の出会いには、もちろん興奮はしていましたが、それほど有頂天にはなれませんでした。一度彼を見たことがあるという事実は、私のリアクションを心の適応による恩恵によって和らげることを実現したのです。

適応力は望ましい特性なのでしょうか。確かに、最近のパンデミックでは、マスク、社会的距離、衛生面の強化など、新しい習慣に素早く適応することができましたが、すべての環境の変化が慣れを正当化するわけではありません。ジャングルでハイキングをするときに、ライオンや蛇の存在に慣れるのではなく、不審な兆候がないかを警戒し続けたいものです。同じように、アパートから歩いて10分のところに地中海の美しいビーチがあることに慣れるのではなく、この楽園が近いことに毎日ワクワクしながら過ごしたいわけです。

すでに見てきたように、私たちの脳は目新しさに対する準備が整った状態になっています。私たちが生き残り、学び、繁栄するために、見慣れないもの、予想外のものに照準を合わせているのです。そのため、私たちの脳は、慣れ親しんだものに対してはあまり興奮しなくなるのです。新しい刺激、たとえば初めて食べるマンゴー、初めて見る血の滴、初めて乗るジェットコースターなどは、ニューロンから最大限の反応を引き出します。新規の出来事には、その新規性が失われたときよりも多くのニューロンが反応し、より強くなります。ニューロンの活性化が少なくなると、ドーパミンなどの神経伝達物質の放出が減少します。ドーパミンなどの神経伝達物質は、快感と目新しさによる興奮を体験するのに役立つ化学物質です。慣れ親しんだものは、ほとんどの場合、報酬が少ないのです。

地震やハリケーンを何度か経験するとその可能性に慣れるのと同じメカニズムで、私が好きなタランティーノ監督の作品である『パルプ・フィクション』も2回目以降は少し楽しめなくなるし、大好きなアイスクリームでも残念ながら無関心に食べることができるのは、このメカニズムのためです。しかし、良いものに慣れるというのは、単にアイスクリームに限ったことではありません。人間関係に嫌気がさしたり、キャリアが途切れたりするのは、慣れ親しんだものに飽きたからです。私たちが悪いことに耐えることができるのは、順応性が高いからだということが明らかになりました。しかし、この順応のための強力な才能は、良いことが身近になったときにも楽しめなくなるという、手痛い代償を払うことになるのです。

それだけでなく、ネガティブな状況であっても、適応することが常に最善の利益となるとは言い切れません。私たちは本当にあらゆる悪いことに慣れたいものでしょうか。虐待する配偶者、自動車による死亡事故、他者の弾圧、その他の不正は、人が適応すべきでないのに許容してしまう状況のほんの一例です。人種差別を煽り、発言で国民を分断する首相、不正行為や嘘をつく大統領、個人情報を売っているハイテク企業の話などは、最初に報道されたときは衝撃的でしたが、今は違います。繰り返しによる慣れで、自分の親がショックを受けるような光景や行動に慣れてしまっているのです。私たちはただため息をついてページをめくるのみです。

この進化的なトレードオフを騙すことはできるでしょうか。いつも慣れ親しんでいるものを新鮮なように楽しみ、避けるべきときには適応に抵抗できるように、自発的なコントロールは可能なものでしょうか。すべてのキスがファーストキスのように感じられたら、人生はどうなるのかを想像できますか。以前に食中毒を引き起こした食品の付近の物は食べないのと同様に、私たちは、腐敗した指導者、虐待的な関係、時代遅れの技術者を、最初に接した時の印象と同じように嫌悪し続けなければなりません。

多くの心に関する困難な取り組みと同じように、単に気付くだけでも解決につながるのです。極端な話、間違った規範に慣れてしまったときに私たちにそれを思い出させるためには、私たちの心の外にある力が必要になります。最近の #MeToo 運動が良い例です。しかし、他のほとんどの場合、自分自身が不思議に思ったことがないことを恥ずかしく思うような質問をする子供を思い浮かべてください。たとえば、ある日は青かった海が、なぜ次の日は緑なのか、「rule of thumb（経験則）」という言葉はどこから来たのか（調べてみてください、これはあってはならない基準の例です）、などです。そんな子供になって、時々、麻痺してしまったものを見直すといいでしょう。

自分の価値観に合わない情報に慣れることなく、自分自身に正直でありたいと思う場合以外にも、私たちは選択的注意や選択的適応の戦略を採用する必要があるのです。それが自然にできる人もいます。私の亡くなった祖父は、拡大家族の夕食を中断して、私たち全員にフォークなどについて長い間考えさせることで評判でした。なんと素晴らしい発明なのでしょうか。それがなかったら、どうやって食事をしたらいいのでしょうか。もちろん、祖父が何十年にもわたって毎日、昼寝の後のコーヒーをも大切にしていたことは言うまでもありません。誰もが、ありふれたものや身近なものに対する純粋で永続的な感謝の気持ちを持てるほど幸運なわけではありません。私の学生たちは、私がオーストラリアの友人にメールを送ると、数分以内に返事が来たと驚いてオフィスに飛び込めることを面白がって、この感謝する性質は遺伝的なものだと確信しているようです。

私たちが適応しているものを頻繁に意識する以外にも、慣れ親しんだ環境を新しく捉え続ける能力を養う方法があります。瞑想はその一例ですが、基本的な原理は特定の実践に縛られるものではありません。私たちは常に記憶をたどることで、過去の経験を今後の行動の指針としています。これは非常に有益なのですが、今している経験を楽しもうとするときには障害になります。進化は、当然のことながら、今を楽しむ能力よりも生存を優先させました。このため、私たちのものを取り戻すためには少し戦う必要があるのです。目の前にある花を新鮮な気持ちで楽しむために、常に記憶や過去の経験を参照することを止めることは、自然にできることではありませんが可能なことです。もし、自分が古い枠組みに従って、無意識に適応してきたものを見直すだけになっているなら、自分を観察して記憶から切り離してみてください。

第8章　心の枠組みと境界線の端

私たちは、新しいものを探すときに、見慣れたものを探して無視できるようにします。そのために、花や車、食べ物など、すでに知っているものに意味のあるラベルを貼るのです。しかし、私たちが意味を求めるのは、見慣れたものにラベルを貼ることにとどまりません。

意味への渇望

感覚遮断タンク（アイソレーション・タンク）とは、皮膚温度の塩水で満たされた暗く完全に無音の水槽で、聞くことも見ることも、そしてその他の刺激を受けることもなく浮遊するものです。リラックスできそうですが、一般に、外部の物理的な世界から切り離される体験は、私たちにとって非常に不自然なので、過去には拷問として感覚遮断タンクが使用されたこともあるそうです。マインドワンダリングは、これまで触れてきたようなあらゆる恩恵がありますが、私たちにとっては十分ではありません。私たちには外界が必要であり、それは有意義でなければならないのです。

私たちが外界を必要とするのは、『囚人映画』と呼ばれる現象が最も奇妙に示していることかもしれません。これは、暗闇に閉じ込められた囚人や、トラックの運転手、パイロット、激しい瞑想をする人（トラックの運転手と激しい瞑想者から同じ報告があるのは何やら怖い気がしますが……）などが、時には抽象的で、時にはより具体的な光や色のイメージを見るという報告に関するものです。また、新石器時代の洞窟壁画との類似性を見出す人もいます。[1] よく知られているのは、フォスフェネス（ギリシャ語で『光のショー』というような意味）と呼ばれる外部からの刺激を伴わない光が見えるという現象と関係があるというもので、機械的な圧力（目をこすった後に光が見える）や、視野の自発的な活動によって起こる可能性があるそうです。同様の現象には他にも、視覚障碍者が複雑な幻視を経験する『シャルル・ボネ症候群』や、難聴の人が音楽的な幻聴を経験する『音楽性幻聴』のような実証例がいくつかあります。これらの現象や説明の多くは、個人の報告に基づいているため、必ずしも科学的に特徴づけられているわけではありませんが、システムが、たとえ想像上のものであったとしても、外界の刺激をきっかけとして起きることを証明しているでしょう。

私たちの心的生活は、個人的なものに感じるかもしれませんが、周りの世界によって形成されています。また、その逆もあります。私たちの内なる世界は、外の世界の解釈の仕方に影響を及ぼします。私たちは世界を現実から自分自身の「現実」に変換しているのです。ほとんど必然的に、私たちは入ってきた情報を解釈し、馴染みのある意味を持たせて、それを理解したと思い込んだり、記憶の中にある既存の「箱」、つまり枠組みに物事を当てはめることによって、自分の人生をよりうまく処理できると感じたりするのです。慣れ親しんだものは私たちを快適にしてくれます。音に名前をつけたり、匂いにラベルをつけたり、味を分類しないわけにはいかないのと同じように、ある状況を見慣れた言葉で解釈しないわけにはいかないのです。だから、抽象芸術など、解釈の難しい造形に嫌悪感を抱く人も多いのです。私たちは、出会ったものに名前やラベルを付けることが必要なのです。私の真ん中の娘ナディアが幼児だった頃、私の腕の中で美術館のポロックの作品を見ていたときの彼女の反応は、「彼は後片付けをしなければならない」というもので、彼女はすぐにラベルを見つけました。それから10年後、彼女は注意欠如・多動症（ADHD）の検査を受けるように言われました（3人の子供たちは皆、私からその性質を受け継ぎました）。私は当初、「薬は飲ませないから必要ない。ただ、薬を飲まないので、私がしてきたように、彼女も何とかしなければならない」と言いました。彼女のとらえ方は、薬はいらない、ただ診断名があれば、自分が何を持っているかがわかり、それを箱に入れることができ、今後より確実に生活できるようになる、というものでした。雲を見て、その中に見える形、どんな形に見えるかについて名前をつけないようにできるでしょうか。あなたの脳は、これが乾燥した空気と水と氷の粒子の集まりであることを知っているにもかかわらず、この塊はバスケットボールの上に立つ象のように見えると言わなければ気が済まないのです。ハンナ・アーレントはこう言っています。「理由付けの必要性は、真実の探求ではなく、意味の探求によって触発されます」。私たちは意味を求め、そして真実を手に入れたと信じているのです。

箱の中に入れる

白内障は、先天的に目が見えないほどひどい状態で生まれてくることがあります。このような白内障を除去する方法が開発された後、多くの人々の生活は劇的に改善されました。マサチューセッツ工科大学のパワン・シンハ教授がインドで行った人道的・科学的活動を参照していただければ、ヒントが得られるでしょう。医療や福祉に関わること以上に、目の見えない人を見える人に変えるこの手術は、いくつかの長年の哲学的な問いを検証する特別な場を提供しました。一つは『モリヌークス問題』で、聴覚と触覚で自分の世界を感じていた目の不自由な人が、突然視力を得た場合、球体と立方体のような形を見るだけで区別できるようになるかどうかというものです。結果は、不思議なことにできなかったようです。しかし、ここでもっと興味深く、関連性があるのは、新しく視力を得た人たち、そして彼らを観察している人たちが、手術後、時間とともに世界の視覚認識がどのように変化していくかについて、個人的に報告している点です。様々な症例や個人の性格によって、強いストレスと極度の畏怖の念の両方が起こるのですが、視力の経験のない人にとって世界がどのように見えるかについての魅力的な記述もあります。最初、一般的には数日の間は物体が見えず、代わりに色の斑点が見えるようです。イチゴは小さな緑のかたまりと赤いかたまりが接している状態で見えていて、名前も連想も記憶もないのです。影も、私たちが影から抽出するような奥行きや明るさの情報ではなく、ただの黒い領域にしか見えません。彼らは、これらの領域に名前を付けることを教えられる前の、幼児のように世界を見ているのです。輪郭、質感、色、動きなど、ボトムアップで世界を見ます。私たちのように、意味や連想や期待をトップダウンで投影することはなく、ありのままに見ているのです。

これは困りごとのように聞こえるかもしれませんが、実は仏教の修行における一つの高い目標を達成しているのかもしれません。経験豊かな瞑想者でさえ、定期的に達成するのが難しいような、電車が近づいてくる音や猫の鳴き声などの音を聞いて、それに名前やカテゴリーをつけないようにしてみるという挑戦があります。私の研究室では、人間の視覚に関する問題をよく研究していますが、あるとき、どんな物体にも似ていない、意味のない物体を視覚刺激として作りたいと思いました。しかし、それは不可能であることがわかりました。私たちは、心が物に名前をつけるのを止めることができません。そして、それが実在しないものである場合、私たちは想像の中でそれに最も近いものの名前をつけるのです（『パレイドリア』という、常に興味をそそられる現象です）。私たちは、物理的な刺激をそのまま知覚することはできません。マンゴーをマンゴーでないものとしては受け取れないのです。しかし、これは瞑想の訓練における究極の目標（あるいは少なくともその一つ）なのです。アラン・ワッツは、15分間の素晴らしいガイド付き瞑想（「心の目覚め」）の中で、聴衆にそうするように勧めています。さらに彼は、内なる世界と外なる世界がひとつになるまで、外の音を名もなき雑音として扱うだけでなく、内なる思考も雑音として扱うようにとまで言っています。これはワッツの言葉ですが、私自身はこれまでの少ない練習でこれに近づいたとは言い難いものです。しかし、このことは、自己についての議論や、自己と外界の間にある分離をなくすために瞑想がどのように私たちを後押しするかということともつながっています。第4章で自己について話したとき、自己を排除することは机上の空論に聞こえ、おそらく達成することは不可能だと思われました。ラベル付けする行為に抵抗することは、不自然に聞こえるかもしれません。しかし私たちと世界を隔てる人工的な境界線を解消するという価値ある目標に向けて、十分に実践的な方法を提供してくれています。ワッツはそれをうまく表現しています。「私たちは、宇宙全体が人間の思考のカテゴリーによって秩序づけられているという妄想に苦しむとともに、もし私たちが最大限の粘り強さでカテゴリーにしがみつかなければ、すべてが混沌の中に消えてしまうのではないかと恐れているのです」と[2]。

オフェル・ルルーシュは、著名なイスラエル系フランス人彫刻家であり、友人でもあります。彼は以前、デッサンの授業で、アトリエにある葉や茎の集まりを、彼が指示したとおりに描くのが難しいことに気づいたと教えてくれました。彼の指示とは、大きな鉢があり、そこには複数の植物が植えられている状況で、その全体ではなく、その真ん中にある仮想的な四角い領域内を描いてくださいということです。それは、茎や葉がさまざまな方向に伸び、互いの一部を覆い隠し、やがて別の植物につながるという、ランダムで散らかった状態のものです。彼の生徒たちは、私たちと同じように、その正方形内のすべての線の起点、終点、関連性についての予備知識から絵を切り離すことが難しく、植物を描くときに、互いにつながった完全なパーツで描き、他の植物がかぶっている部分は無視し、あらかじめ設定された枠からはみ出した部分も描くのです。このような描き方は、正方形の中にある実際の情報というよりも、自分の中にある図式に対応するものです。この現象は、ヘレネ・イントローブとその同僚によって最初に特徴づけられ、名付けられた、心理学で『境界拡張』と呼ばれる現象に関連していますが、完全には説明できないものです。境界拡張では、写真を見せられて、その写真を思い出すように言われます。この写真というのは、柵の前にいくつかのゴミ箱が置かれていて、ただし蓋と柵の上部は切り取られて写っていないといったものです。そして記憶を元に絵を描くように言われると、人は（この例ではゴミ箱と柵の）絵を完成させ、当初写っていなかった部分を含むようにする傾向があります。私たちは、部分的なものを記憶するのは難しいのです。このことは、フランス映画の気に障る表現を思い起こさせます。しばしば、誰かの人生の一時期を見せられて、そこに明確な始まりも終わりもなく、その間に何も大きな出来事はなく、ただ人生があるだけというヤツです。

興味深いことに、私たちは個々の物だけでなく、物の間の関係性についてもこのような行動をとります。私がヤエル・アフィキと研究室で行った通り、実験参加者に2つの物体の写真を同時に見せると、どうしてもそれらを何とかつなげようとします。椅子とテーブル、犬と骨、医者と看護婦など、明らかに関係があるものを見ると、そのつながりがわかり、次に進むことができます。しかし、梨とサックス、戦車とドライデルと呼ばれる四角錐の独楽、ホッチキスと松の木のように、直接的には何の関連もないものでも、あなたの心はそれらの間に納得のいく関連性を見出そうと躍起になります。そして、次に進もうとしても、自分の心の一部がまだ掘り下げ、こだわり、記憶の反芻をするのです。そして人は、そういったこだわりに、気づいたり、気づかなかったりするわけです（これは、常にそういった活動に意識が向いているわけではないためです）。心的な能力の一部が、2者から連想されるつながりを見つけるための努力に依然として費やされているため、次に起こることにすべての心的能力を使えるわけではないことに気づくかもしれません[3]。私たちは、既知のもののに接続することで首尾一貫性や意味を求め、それによって世界の概念や私たちの環境に対する理解についてより確信が持てるようになるのです。

ヤッファにある友人サーシャのアパートでは、プロジェクターとステレオが常にオンになっています。常に新しいプログレッシブ音楽を流し、並行して大きな壁にはYouTubeの動画をランダムに流しているのです。最初は、彼はこの2つをうまくマッチングさせるのが天才的なのだと勘違いし、どうやったらこんなに早くできるんだろうと思っていたのですが、このマジックは私や他の人の頭の中で起こっているのだと気づきました。私たちは知らず知らずのうちに、物事が関連していると思い、整理がつくまでつながりを見つけようと努力するのです。そして、一旦そうなると、「このロシアのラップは、どうして日本の古いアニメのサウンドトラックとしてぴったりなんだろう」と驚嘆するのですが、それがサーシャ（ちなみに彼は素晴らしい、絶大な成功を収めた写真家です）によるものではなく、私たちの脳によるものだと気づいていないのです。ビジネス課題、「未解決な問題」、トラウマ、不可解な人間関係、満たされない欲望など、私たちの人生における高次の現象においても、同じことが言えるでしょう。私たちはそれらを記憶や意味と結びつけて整理しなければならないし、そうでなければ、それらは反芻されることで私たちの心的資源に負担をかけることになるのです。

仏教の修行僧は花を見て、それを花と呼ばず、まだ引き出しにしまわないように努力します。それは、哲学者が永遠に続くかのような検証を行う傾向にあるのと同じようなものです。結論や名前、結論に到達することへの渇望を、それが何であれ抑えることができたらどんなに良いことでしょう。

自分の教訓になった話として、昨年の夏、息子のナオルと一緒にソレントでダイビングをしたことを思い出します。私たちは地元の素晴らしいイタリア人ガイドと一緒に講習を受けました。ある時、彼女は後ろから私の足を掴んで注意を促し、スピードを落とせとだけ言いました。そのとき、息子は辛抱強く岩礁を探索しているのに（どうやら彼のＡＤＨＤは私よりも抑制されているようです）、私はまるで水中水泳大会のようにそれを受け止めていることに気づいたのです。どこかに行きたいと思っているかのように、常に前進していたのでした。しかし、目的地となるものはなく、目の前の光景こそがダイビングそのものなのでした。私はその時、どこに行こうとしていたというのでしょうか。別の教訓として、要するに音に名前をつけたり、明確な答えを探すようなことは、到達点を追い求めることに似ています。つまり、次のステップに進む前に「必ず」達成しなければならないとらえどころのないゴールなのです。そして生きるということは、ひとつのゴールを達成すると次のゴール、さらに次のゴールとつながり、成果を積み重ねていくことでもあります。それはまるでお祭りで、様々なゲームをクリアしたチケットをできるだけたくさん集めて、最後に大きな賞品と単に交換するようなものです。本当に最後に大きな賞品があるのでしょうか？

フェンスで囲まれた枠組み

私たちはカテゴリーに基づいて考え、あらゆるものを見慣れた箱に入れなければなりません。何が「普通」であるかは、私たちがすでに知っていて区分けしているものによって決定されます。現実は、私たちの脳の中にある既存のテンプレートに当てはめなければならず、そうでなければ、奇妙だ、おかしい、異常だと見なします（実際、子どもたちは初めての経験をすべて「変だ」と言うようです）。私たちが少し寛容になり、恣意的な境界線から自分を逸脱させた瞬間、これらの枠組みは柔軟になり、学び、成長する機会が生まれるのです。しかし、この寛容になるということは簡単ではないのです。

イスラエルでは、一般的で美しい習慣として安息日（土曜日）に花を買うというものがあります。私の友人のヤールは（あるいは親愛なるオーレンだったか）、ある金曜日、花屋に自分の好きな花を2種類一緒に包んでくれるように頼んだそうです。そして花屋さんに、「この花の取り合わせは良くないよ」と言われたとき、「束ねれば良くなるのさ」と言ったそうです。それから長い間、なぜこの単純なやりとりが私を魅了するのか、不思議でなりませんでした。今思うと、この小さな物語が、ごく限られた人たちだけが持つ心の柔軟性を反映し、明確さや境界線、ルールに対する私たちの深い欲求を明確に表しているからこそだったのでしょう。それ以来、自分が求めるものと自分に求められているものの間で選択を迫られるさまざまな分岐点で、厳格なカテゴリーの枠組みと柔軟なカテゴリーの枠組みの長所と短所を天秤にかけながら、人生の中の境界線と戯れています。

この1年間、私は中東の真ん中にある丸い家、イグルーに住んでいました。これは、私の研究室のもうひとつの研究テーマである、人は曲線的な輪郭[4]や丸い空間[5]を好むということが示されたことと関連しています。私は、初めてここを訪れた友人や家族の反応を見るのが好きです。「うわ、これは本当に丸くなってるんだ！」彼らはその新しさに慣れるまで、明らかに混乱と困惑の表情を浮かべながら、ぎこちなく笑い続けるのです。脳内に組み込まれた経験や慣習の枠組みに逆らうことは容易ではありません。何が良くて何が悪いか、何が正しくて何が間違っているか、何が可愛くて何がそうじゃないか、何がクールで何がホットか。私たちは、記憶の中の枠組みに慣れており、予測可能なことは受け入れやすいのです。そこから逸脱することは、私たちのバランス感覚が失われることを意味します。しかし、新しいシナリオ、新しい試み、新しい体験が、新しい何かを可能にするのです。心の寛容性を保つということは、枠組みやカテゴリー間の風通しを通常よりも良くしておくということです。クィア（queer）という単語の文字通りの意味は、疑わしい、怪しげな、なのですが、かつて社会はゲイの人たちに対してこの単語を使っていました。これは信じがたいことです。しかし、広く奇妙なものとして認識されているものは、時間をかけて人目にさらされるうちに、普通へと変化していきます。大国が30代の人間を首相や大統領に選んだと初めて聞いたとき、私たちは信じられないと思うでしょう。30代の人間が国を動かすなんて、と。しかし、時間が経つにつれて、最初のショックは好奇心に変わり、次第にその考え方に慣れていきます。二度目に30代が選出されたときは、それがまったく普通のことに思えるのです。私たちの枠組みは更新され、以前は突拍子もなく、私たちが予測できる範囲ではないと思われたことが、今では完全に合理的なこととして受け入れられるようになったのです。「奇妙なこと」も慣れれば「普通」になるのです。

私たちは意味を摑むために分類し、それによって、何が起こっているのか、自分はコントロールできているのだという主観的な確信を持つことができるのです。新しいものを古い枠組みに当てはめなければならないというプレッシャーを感じないためには、不確実性に寛容になることが必要です。不確実性に対する寛容さは、オープンで、好奇心が強く、幅広く、創造的で、機嫌の良い、そして幸運なことに区分を気にしない子供のような探索的な心境で生まれます。区分分け、ルール、カテゴリーは前頭前野から来るのですが、前頭前野はまだ成熟していません。この状態を再現するためには、前頭前野の機能を必要に応じて停止させる方法が必要なのです。

脳の働きに関するトレードオフと振る舞い

ルールや枠組みは、人間の行動の多くの点で重要ですが、すべてではありません。私たちは、それらが良いものであるときと、それに固執することがあまり好ましくないときを思い起こし、少なくともある程度は、選択が私たちの手に委ねられているという事実を意識する必要があります。そうすれば、それぞれの状況に応じた最適な戦略をとることができるようになるのです。

このような、ルールに従って世界を枠組みに当てはめるべきときとそうでないときのトレードオフは、脳ではよく見られることで、適応性、汎用性、パワーの現れと言えます。関連する例は、学習と成長の欲求を満たすために新奇性や不確実性を受け入れる探索型行動と、慣れ親しんだものを好み、すでに知っていることや期待することの既存の「台本」に基づいて思考し行動する活用型行動との間のトレードオフです。探索と活用のトレードオフは、私たちにとって繰り返されるテーマであり、継続的な戦いでもあります。感覚的な入力から経験を得るのか、それとも以前に試した経験の記憶を活用することの容易さに釣られるのか。探索と活用の間の連続した心的状態の中のどこに位置するかは、通常、私たちの心的状態によって決まりますが、それは私たちの意志によるものではありません。

最後に、全体に言えることですが、生存のための脳のツールが、同時に人生を経験するうえでの障害となるというトレードオフも存在します。過去の経験をトップダウンで伝達する利点が、とんでもない困りごとにもなり得るのです。常に過去とつながり、未来に備えるようにできているのなら、果たして現在を楽しむことができるでしょうか。しかし、私たちの脳は現在のことに対して注意を向けるマインドフルネスのために進化してきたわけではありません。楽しいことは、生き残る者だけに可能だからです。

ジャングルにいれば、花の無限の美しさを楽しむ能力と引き換えに、予測し、既存の知識を使って安全を確保する能力を得ることになるでしょう。しかし一方で、安全な環境にいるときは、むしろトップダウンの機械を沈黙させ、物事があるがままになるようにしたいものです。しかし悲しいかな、そうはいきません。生存するようにプログラムされているのですから、生存が危ぶまれていないときには、活用型から探索型行動に再プログラムすることは、簡単にはできないでしょう。

柔軟性に対する小さな間口

あなたと新しい彼が、初めてのデートでレストランに行くことになったとします。お会計の前に彼はトイレに行き、あなたが支払いをすることになりました。その瞬間、あなたの脳は彼に「ケチ」の烙印を押し、あなたが考えを改めるには、彼がよほど努力しなければならないでしょう（彼と付き合い続けていると仮定した場合です）。たとえ、彼が次回のレストランでの食事をすべて支払うと主張したとしても、あなたはそう簡単に考えを変えることはできないでしょう。私たちの脳は、同じような出来事に対する評価を平均化するため、2回目のデートでは、この男はケチだと思われなくなると予想する人もいるでしょう。そして学習とは、記憶が直線的に更新され続け、すべての新しい情報が等しい重みを与えられ、世界に対する自分の内なる表現のバランスをとるのに役立つ、段階的なプロセスであると考えたりもするのではないでしょうか。しかし、これは事実とはかけ離れており、最初の出会いが他のすべての出会いよりもずっと重要なのです。

このことは、興味深いパラドックスを表しています。一方では、私たちは新しいテンプレートやものの見方を驚くほど速く作り出します。ある出来事や何かが簡単に示されるだけで、私たちは新しいテンプレートを思い浮かべることができるようになります。しかし、その一方で、新しいテンプレートは瞬時に形成されるものの、それだけではひどく硬直したものになってしまうのです。つい最近できたばかりのテンプレートにしがみつき、更新したり、拡張したり、その境界を柔軟かつ動的に変更することには消極的なのです。ものの見方やテンプレートが長期にわたって硬直したまま残るのであれば、それを作り出す前に注意深く考え、さらなる観察を待った方が良いように思われます。しかし、私たちはそうしないのです。

なぜ、オープンなままではいられないのでしょうか。表象を常に更新し続けることはなぜ都合が悪いのでしょうか。不都合な点の一つに、固定化され、柔軟性が低くなっているのは安定した表現が必要なためだからということが挙げられます。しかし、このような表象も新しい情報によって改良される必要があります。それはちょうど、子供が生まれて初めて車を見たとき、車には4つの車輪と窓があり、色は青なのだと思うことと同じです。しかし、次の車は赤だったとき、子供は車には窓と4つの車輪があるけれど、違う色もあることに気づきます。ここで表象が更新され、前頭前野からのトップダウンの指示は少なくなり、より柔軟な学習が可能になるのです。このような相反する要求を、直感的ではない専門用語で、パターン分離とパターン完成と呼びます。

最初の柔軟性とその後の硬直性というパラドックスは、前述した探索と活用の間のトレードオフに沿うものです。探索型の状態とは、すべてのアンテナが受信モードになり、新しいことや不確かなことに対する不安や緊張が二の次になることです。一方、活用型の状態とは、驚きを最小限に抑えるように行動を選択することです。当然ながら、慣れ親しんだものを活用するため、学習効果はあまり期待できませんが、生き残るという意味ではその方が有利です。私たちの多くは、捕食者など生命を脅かすものから生き延びることについての心配はあまりありませんが、それでも私たちの脳は探索型の状態よりも活用型の状態を選ぶことが多いのです。そして、レストランでのデートのカップルに話を戻すと、最初の交流は探索型の状態で行われ、一方的に印象づけられることを許容している時なのです。しかし、そのチャンスは驚くほど短く、私たちはすぐにデフォルトの活用型の状態に戻り、その短い期間に刷り込まれたものに依存するようになるのです。まず、私たちは新しい枠組みを作るために一時的に受け入れ状態になり、その後、枠組みは安定的かつ硬直的なものになります。

探索と印象に対する受け入れ耐性を長く維持することができないのは、音やランダムな塊に名前を付けることを避ける難しさと関係があります。第一印象とは、私たちが意味のあるラベルなしに、不確実性の中で生きることにどれだけ耐えられるかという限界点なのです。活用型の状態であることは、私たちの確実性への欲求と同時に、意味を求める切実な欲求に応えることになります。そして、これは偶然の一致ではありません。私たちが意味を必要とするのは、主に確実性を求めるからなのです。意味の探求は好奇心に由来し、それを満たしたいと思っているように見えるかもしれませんが、好奇心は意味を得るための原動力に過ぎず、意味とは確実性を得るために必要な情報なのです。

好奇心→意味→確実性

第9章　思考、創造性、気分の幅

創造的であることは好奇心旺盛であることを伴います。そして、この2つは、私たちがマインドワンダリングを起こす方法と密接に関連しています。しかし、あまり直感的でないのは、創造的であるかどうかが気分に影響を与え、その逆もまた然りであるということです。連想的マインドワンダリングと創造性の関連について学んでいたとき、私の研究分野とは離れたところで、思考の息遣いと気分の高揚を結びつけるような発見を偶然にもしました。

ある日、時々読んでいる一般的な心理学雑誌に目を通したところ、うつ病を患う人は文脈を考慮するのが苦手であると言及している記事が目に留まりました。私は、文脈がどのように表現され、活性化され、私たちの心によって利用されるかについて多くの研究を行ってきたので、興味をそそられました。周囲の状況を把握する能力は、私たちの気分とどんな関係があるのでしょうか。私は、脳の機能がこの関係を説明できるのではないかと考え、うつ病の原因について調べることから始めました。

この分野の新参者である私は、記憶の反芻（同じ話題に囚われ続ける継続的で循環的な思考パターン）とうつ病との間に強い関連性があることに衝撃を受けました。このことは以前から確立されていましたが、私には新鮮だったのです。特に私が注目したのは、記憶の反芻が非常に狭い範囲に集中しているということです。過去の嫌な出来事や自己に焦点を当てた、非常に限定されたマインドワンダリングの一種です。記憶の反芻の発作は、前日の夕食時に友人と交わした不快な発言とその後悔に関するマインドワンダリングから始まるかもしれません。あなたは、自分がいかに彼女の気持ちを傷つけたか、彼女は自分に腹を立てているに違いない、同席していた他の人はきっと自分のことを嫌な奴だと思っているだろうといったことに強く集中し、これらの思考を何度も何度も繰り返し始めます。そして、それらの思考は、あたかもあなたの心が檻に入れられたかのように、同じ場所に戻ってくるのです。実際、記憶の反芻は悪循環を起こします。最初は特に悪く捉えていなかった出来事も、反芻することで最終的にはネガティブな気持ちになってしまうのです。記憶の反芻が気分を落ち込ませるもう一つの原因は、将来起こりうる怖い出来事にこだわってしまうことで、この場合は落ち込むというよりむしろ不安になります。白熊のことを考えないようにすると余計に考えてしまうように、記憶の反芻や侵入思考を取り除こうとすると、その存在を悪化させるだけなのです。

記憶の反芻という狭い範囲でのマインドワンダリングは、私にヒントを与えてくれました。もし、広い範囲での連想的マインドワンダリングが、気分に対して逆の効果をもっているとしたら、私たちを幸せな気分にさせるということなのではないか、と。

気分に影響される思考

本当に気分がいいということは、そうそうあることではありません。しかし、気分良く過ごしたいと思うことは、我儘とはいえないでしょう。気分は私たちの幸福のあらゆる側面、あらゆる思考、あらゆる行動に影響を及ぼします。実際、気分の影響は私たちの気分の浮き沈みをはるかに超えて、うつ病や不安神経症から心血管疾患、心理的レジリエンス、認知能力、老化、長寿にまで及んでいるのです。しかしながら、気分の根底にあるメカニズムについてはあまり解明されていません。私たちの生活において気分が重要な役割を果たしているにも関わらず理解不足であるという状態は、多くの人が気分を調節するために薬物やアルコールなどの好ましくない習慣に頼ってしまうことに表れています。

大うつ病性障害のような臨床例では、薬物療法や心理療法、あるいは最も極端な例では脳への電気刺激によって気分を何とかする場合がありますが、ほとんどの人についてはそこまでせずとも大丈夫で、気分の上がり下がりをそのまま受け入れています。私たちは、たとえ意識していなくても、気分というものは自然に湧き上がるものだと信じて生活しています。しかし、気分は本当に自分ではコントロールできないものなのでしょうか。この間違った考えは、気分というものが通常、特定の出来事まで遡ることができないという事実から生じています。感情とは異なり、気分の源は常に特定することができないため、どこか不可思議な感じがするのです。しかし、私たちの新しい知見は、気分についてより現実的な認識と、それを最適化する可能性を与えてくれるようになったのです。

気分に関する革新的な研究に、私たちがどのように考えるかが、どのように感じるかに影響を与えることができるというものがあります。思考のパターンが、その内容（ポジティブ、ニュートラル、ネガティブ）に関係なく、私たちの気分に直接影響を与えることができるのです。もうひとつの影響方向が存在することは以前から知られていました。それは、私たちがどのように感じるかが、どのように考えるかに影響を与えるということです。機嫌の良い人は悪い人に比べてより創造的で、洞察力や「アッ！」と思うような解決策が必要な問題を解くのが得意で、より珍しい情報を記憶している傾向があります。たとえば、交通手段の名前を聞かれた場合、典型的な回答は「車」になるでしょう。しかし、ポジティブな気分の人は、同じ質問に対して「エレベーター」や「ラクダ」と、よりオリジナルな回答をする可能性が高いのです。実際、落ち込んだコピーライターがクリエイティブな広告のブレーンストーミングをしている様は想像しづらいものです。しかし、私たちの幸福にとってより重要なのは、その逆で、思考スタイルを変えることで気分を改善できる可能性があるということです。

私たちの心が連想的であることは、容易に分かることでしょう。ある事柄から別の事柄へと、通常は首尾一貫した形で、しかも迅速に展開していきます。たとえば、ストロベリーからビートルズを連想し、そこからジョン・レノン、暗殺、ＪＦＫ、大統領、選挙、といった具合に。私の研究室では、気分というものが、私たちの思考パターンがどれだけ幅広く連想されるかに直接影響しているという仮説を提唱しています。この仮説を検証し、裏付けた方法をいくつか紹介しながら、広範で自由な思考は気分を向上させ、狭い思考パターンは気分を低下させることをご説明します。実際、記憶の反芻は、うつ病だけでなく、不安障害、依存症、心的外傷後ストレス障害など、気分が関与する他の精神疾患の特徴でもあるのです。

私たちは、「思考の単位」と題する論文で、哲学者などが長年主張してきたように、脳は連想機械であり、予測する器官であることを示しました[1]。脳は次に起こることに備えるために、主体的に常に予測を生成しているのです。その予測の基礎となるのが連想です。たとえば、ビーチチェアを見たとき、あなたの頭はすぐにビーチパラソルを高い確率で予測します。なぜなら、それらは互いに関連付けられており、脳内で同時に活性化されるからです。このような予測は、必ずしも具体的なものではありません。誰かの怯えた顔を見ると、すぐに警戒心を抱きますが、これは、その場所に脅威があることを予測させるからです。具体的でなくとも、それでも脅威として扱われるのです。

活動的かつ広範な連想力を持たない心はどうなるのでしょうか。そのような心では、予測ができないので、将来の結果、最適な計画、他人の意図などを見通すことができません。このような不確実性の中で生活することは、不安を生み、やがてうつ病になることが多いです。過去や未来の心配がなくても、連想が広がらないということは、思考が「行き詰まり」、記憶の反芻が起こるということなのです。実際、連想活性化を媒介する大脳皮質ネットワーク（つまりＤＭＮでも）内の構造、機能、コミュニケーションパターンは、気分障害において深刻に損なわれています。

私たちは、エラン・アレル、ロバート・テニソン、マウリツィオ・ファーヴァとともに、健常者とうつ病患者の両方における連想と気分の関連について取り組みました[2]（余談ですが、このような研究の実施を難しくしているのは、明確な知見を得るためには、薬物療法を受けていないうつ病患者を募集する必要があることです。そうしないと、薬物療法や、治療の効果の差によって彼らのうつ状態のレベルが変化しかねないという事実によって、結果が汚染されてしまうのです。もし、そのような人を見つけたら、責任を持って治療を受けるように促すことが優先されますが、さまざまな理由で薬を飲んでいないうつ病患者もいて、それが今回の実験に参加した患者たちです。一般人から無作為に抽出した人たちでも、正式なスクリーニングを行うと、これまで診断を受けていなかったために自分では気づかなかったとしても、臨床的にうつ病であることが十分あり得るのです）。ｆＭＲＩによる実験では、ルーレット盤や建設用ヘルメットなど、強い文脈的連想が働くことが知られている物体の写真を参加者全員に見せ、その間に脳をＭＲＩでスキャンしました。予想通り、健常者はうつ病患者よりも皮質の連想ネットワークをより高度に活性化し、うつ病患者は連想力が弱いという考え方を支持する結果となったのです。

また、反芻の程度は連続的であることから、各参加者の反芻レベルを測定し、対応する脳内の変化と比較できるようにしました。調査結果の説明に入る前に、記憶の反芻は思考を衰弱させる現象であることから、具体的にどのように測定するのかについての議論を展開する必要があるかと思います。標準的な質問票のひとつに、先駆者である故スーザン・ノーレン＝フークセマらが開発した反芻型反応尺度と呼ばれるものがあります[3]。ここにその全文を掲載します。

反芻型反応尺度

人は落ち込んだとき、さまざまなことを考えたり、実行したりします。以下の各項目を読んであなたが落ち込んだり、悲しんだり、憂鬱になったりしたときに、それぞれのことを思ったり行ったりすることが、ほとんどない、時々ある、よくある、ほぼ常にあるのどれにあてはまるかをお答えください。また、「こうするべきだ」と思うことではなく、「普段こうする」と思うことをお答えください。

1 ほとんどない　2 時々ある　3 よくある　4 ほぼ常にある

1. 一人ぼっちだと考える
2. 「気持ちを切り替えられなければ仕事にならない」と思う
3. 疲労感や痛みなどの感情について考える
4. 集中することが難しいと考える
5. 「こんな事態を作り出してしまうような何かを、自分はしてしまっているのだろうか」と思う
6. 自分が受け身でやる気がないと考える
7. なぜ自分が落ち込んでいるのか理解するために、最近あった出来事について分析する
8. もう何も感じないような気がすると考える
9. 「なぜ自分は物事を進めることができないのか」と思う
10. 「なぜ自分はいつもこのような反応をしてしまうのだろうか」と考える

11. １人で出掛けて、なぜ自分がこのような感情を抱いているのかと思う
12. 自分が考えていることを書きだして、それを分析する
13. 自分が置かれていた最近の状況について考え、事態がもう少しましなものであれば良かったのにと考える
14. 「この気持ちのままでは、集中できない」と思う
15. 「なぜ自分は他の人にはない問題を抱えているのだろうか」と思う
16. 「なぜ自分は物事をもっとうまく片づけられないのだろうか」と思う
17. 自分が悲しい思いをしていると考える
18. 自分の短所、失敗、欠点、間違いなどのすべてについて考える
19. 何もやる気が起きないと考える
20. なぜ自分が落ち込んでいるのか理解するために、自分自身の性格について分析する
21. 自分の感情について考えるために、１人でどこかに行く
22. 自分が怒っていると考える

上記の質問に対する回答の合計が記憶の反芻スコアになります。

解析の結果、記憶と気分の両方に重要な役割を持つ脳複合体である海馬の神経細胞体積が、記憶の反芻の程度と直接相関していることがわかりました。また、海馬の下位領域では、個々人の記憶の反芻傾向の度合いに応じて、構造体積の増減が見られました。灰白質は、神経細胞体以外にも、

樹状突起や軸索、シナプス、グリア細胞、毛細血管などから構成されており、体積の変化には複数の構成要素の変化が関与している可能性があることは注目に値します。つまり、思考形態は気分だけでなく、脳の構造にも影響を及ぼすのです。うつ病になると海馬の体積が減少することはすでに知られており、気分障害に対する選択的セロトニン再取り込み阻害薬（ＳＳＲＩ。例としてプロザックなど）、心理療法、有酸素運動、瞑想などのさまざまな治療が海馬の体積を回復するのに役立つことが知られていました。しかし、この体積が記憶の反芻の度合いに対応することが示されたことで、思考と感情の関連性がより強固なものとなったのです。

何十年もの間、うつ病は化学物質の不均衡による疾患と見なされてきましたが、私たちのアプローチは、うつ病が思考の不均衡による疾患であることを示しています。大脳皮質では、連続的な事象が発生します。薬はセロトニンなどの神経伝達物質のレベルを調整することを目的としています。レベルが調整されると、今度は気分や思考スタイルに遡って影響を及ぼします。私たち認知神経科学者のアプローチは、最上位のレベルである思考に着目し、記憶の反芻を解きほぐすことで気分が改善されるだけでなく、神経伝達物質のレベルを正常化する連続的な事象が浸透していくことを期待するものです。大脳皮質で発生している連続的な事象は、気分障害の全体的な症状を緩和する可能性があり、介在の仕方が複数存在する双方向のものであるというのが我々の見立てという訳です。

私たちの記憶は、互いにいくつかの度合いの区切りをおいて接続された巨大な表象の網で構成されています（椅子→テーブル→木→森→ハイキング→休暇→リラックス→ピニャコラーダ）。これは記憶符号化と記憶検索を効率的に行うための枠組みなのですが、椅子を見るたびに脳がピニャコラーダを想起する大脳皮質を活性化するようになってほしくはありません。ある心的表象が活性化されると、関連する表象が活性化され、何が起こるかを予測できるようになりますが、その際、特定の文脈に関係のある関連だけを活性化し、それ以外のものは活性化させないことが極めて重要です。そこで、同時に活性化される表象の範囲を抑制するために、脳はブレーキのような抑制を働かせるのです。通常の抑制レベルでは、私たちの心にはまだ十分に連想するための精神的空間が与えられています。しかし、ネガティブな気分の時やうつ病の時には、過剰な抑制がかかり、その結果、連想の活性化の程度が極度に抑制されます。言い換えれば、過剰な抑制は、循環的な思考や消耗するような反芻から離脱する能力を低下させるのです。一方、抑制が弱いと、統合失調症のように余計な連想が活性化し、極端な幻覚を見ることがあります。抑制は適度でなければならないのです。

こうした心的活性化の幅と気分との関連は、いくつかの直感に反する可能性を導き出します。たとえばＡＤＨＤの人の思考パターンは反芻とは正反対で、思考も注意も広く行き渡り（経験談なので信じてください）、抑制が低下していると見ることができます（それゆえ、ＡＤＨＤにしばしば関連する衝動的な行動と同時に創造性もあるのです）。私たちが確立した心的範囲と気分の間の関連は、ＡＤＨＤがより良い気分を伴うであろうことを示唆しており、実際にＡＤＨＤの気分の上昇を示す証拠があります。残念ながら、この気分の利点は、イライラや過敏性など、集中力の低下に対する否定的な反応によって相殺されることが多いため安定せず、最終的にはＡＤＨＤは気分の落ち込みを伴うことが多いという結果になっているのです。さらに、ＡＤＨＤの精神を集中させるために考案された薬物は、しばしば集中力の向上だけでなく、気分の悪化ももたらします。

幅広い思考に対する報酬としてのポジティブな気分は、私たちが探求し、学び、創造的になることを促す自然の摂理なのかもしれません。慣れ親しんだものを利用するのではなく、新しいものを長く広く探すということです。私は、より良い思考をするためには、考えすぎない方が良いと考えています。しかし、もし考えるのであれば、より良い気分でいるために、より広く考えましょう。

創造性と幅広いマインドワンダリング

また、狭い視野で記憶の反芻をしてしまうことで、創造性が損なわれてしまうという残念な結果もあります。このことを示す研究は、私が取り組んでいる「連想思考」とも関連しています。新しい連想をすることは、創造性の重要な要素の1つです。思考があらかじめ決められていればいるほど、革新的なつながりが生まれにくくなり、創造的なアイデアも湧いてこなくなります。我々はその逆もまた真なりであるということを見つけています。マインドワンダリングは、開かれていて、幅広く連想する場合において創造性を高めることが分かっています。

マインドワンダリングと創造性の関連性についての我々の研究の1つでは、自由連想課題を行いながら、長いまたは短い数字列を記憶してもらうことで、人々の認知能力、ひいてはマインドワンダリングの能力に差が出るように負荷をかけました[4]。実験中、6839503という文字列を記憶している場合と、47を記憶した場合で、与えられた単語を素早く連想して答えることを比較してみてください。さらに信頼できる結果とするために、彼らが反応できる時間は非常に短く制限されています。「靴」、「お母さん」、「じゃがいも」等と聞いて最初に思い浮かぶことを、0・5秒で答えられると想像してください。難しい取り組みですが、驚くべきことにあなたやあなたの周りの人たちを楽しませることができるはずです。文字列が長いほど「認知負荷」が高くなり、それが回答の独自性に直接影響していることがわかりました。負荷が低い（短い文字列を覚える）グループの実験参加者は、より創造的でより遠くから連想し、負荷が高い（長い文字列を覚える）グループの実験参加者は、最も平凡な回答をしたのです。それは、かなり単純な言葉で表すことができます。たとえば、「白」という言葉に対して、長い文字列を覚えていなければならない参加者は「黒」というありふれた連想になり、２桁の文字列だけを覚えていればよい参加者は「ヨーグルト」という独自の反応になるのです。これは、現実の世界でも同じことが言えます。現実の世界では、ストレス要因が心に負荷をかけ、創造性を発揮する力を奪ってしまうのです。

また、「思考サンプリング」という単純でありながら強力な手法を用いて、マインドワンダリングと創造性の関連性をより広範囲に示すことができ、創造性が高まっている状態では、人々の思考が幅広く連想されることを発見しました。さらに、『米国科学アカデミー紀要』に掲載された一連の研究で、頭蓋骨を通して前頭前野に外部から電気刺激を与え（経頭蓋直流電気刺激法：tDCS）、マインドワンダリングのレベルを増加させることができたという研究があります。その結果、マインドワンダリングが増加すると、認知パフォーマンスも向上することがわかりました[5]。外部からの電気刺激でマインドワンダリングを増加させることができたというのも、この研究の斬新で驚くべき点です。

我々の好奇心には創造することが必要である

私たちは、どんなに素晴らしいことでさえも、当たり前のことと思っています。つい先日も、そのようなことに気づかされました。私はノートパソコンを持ってソファに横たわり、これまでに作られたほとんどすべての映画を見ること、これまでに出版されたすべての本を読むこと、これまでに録音されたすべての曲を聴くことができる環境に居ます。子供の頃、イスラエル南部のディモナで育った私は、ピンク・フロイドの『ザ・ウォール』を聞けるようになるまで、公開から半年近く待つ必要がありました。新しい映画はハリウッドからイスラエルに届くまで3カ月かかり、その後、街で唯一の映画として2週間ほど上映されるのです。今、この世界全体が私のソファーの上に、一瞬にして広がっています。一生かけてこの良さを堪能しても良いようにも思えます。

冷蔵庫に十分な食料があり、屋根があるとして、現代社会が無限に提供する娯楽に没頭しないのは、あなたが本来持っている「やりたい」「作りたい」という欲求によるものです。私たちは好奇心の強い生き物で、考えうるすべての領域の知識を渇望していますが、それと同じくらい、その知識を使って創造したいという強迫観念ともいえる欲求があるのです。私たちは、ファンタジーや官能的な詩、感動的なメロディーに没頭することに留まらず、自分たちがそれを作りたいと思うのです。

創造性とは、必ずしも空飛ぶタクシーを発明することではありません。食べ物を作ることからシャワーの水漏れを直すこと、手紙を書くことからガーデニングにいたるまで、私たちが日常的に行っていることのほとんどは、何らかの創造や制作に関わっています。そして、考えることでさえも、創造行為なのです。新しいアイデアも、発明も、マインドワンダリングを起こしている最中に立てた計画も、すべてあなたの心が創造したものなのです。敬虔なユダヤ教徒は週に1日、何もしてはならないと定められた安息日という決まりを守るのですが、その中には創造してはいけないという制約が含まれています。この聖なる日には、絵を描いたり、文章を書いたり、建築したり、新しいものを生み出してはいけないのです。私は信心深い友人に苦言を呈したいとき、「食卓を囲んでいるだけでも、頭は新しい知識を創造し続けているけどね」と言うことにしています。私たちは常に頭の中でシミュレーションを行い、その結果、大脳皮質の中で新たなつながりが生まれているのです。記憶に残る想像上の体験は、まさに創造的な行為なのです。

私たち人間という存在は、多くの領域において、活動的である必要があるようです。私たちは長い間じっと座っていることができませんし、同じテーマに長時間集中することもできませんし、目も常に動いています（一点に集中しているつもりでも、目は絶えず小さな動きをしています。マイクロサッカードと呼ばれる現象です）。同様に、私たちの心も一時停止することなく、思考、物体、行動など、新しいもの、役に立つものをどんどん創造して、ほとんど強制的に前進する必要があるのです。創造することは動くことであり、それは私たちの幸福にとって不可欠なものです。

創造的で連想的な思考による気分の向上

当時は、うつ病の脳内化学物質との関連に重点が置かれていたため、思考の幅が気分に影響を与えるかもしれないという提案は、当初は挑発的なものでした。しかし、気分に関する幅広い文献をさらに調べていくうちに、私はエキサイティングな発見をしました。コーネル大学のアリス・アイゼンを筆頭とする研究者たちは、私たちが提案した関連性の対になるものをすでに実証していたのです。それは、気分の良し悪しと思考の幅の広さが相関しているということです。これは私にとって非常に刺激的で、彼女の書いた説明を読んだときのことを今でも鮮明に覚えています。

科学的に努力する素晴らしさとは、このようなものです。些細なことから想像を膨らませ、仮説を立て、文献に目を通し、正しい道を進むために必要な完璧なパズルのピースが時々見つかるのです。さて、私に残された課題は、逆もまた真なりで、思考の幅を広げると気分が良くなるのかどうかを検証することでした。連想の幅が広い思考スタイルは、狭い範囲でのネガティブなテーマへのこだわりから思考プロセスを「そらす」ことで反芻を防ぎ、人生を前進させるために必要な広い心の動きを可能にするという考え方です。私はすぐに、人々が広い意味で連想しやすい心の状態になるようサポートし、そのときの気分を評価する研究を始めました。すると確かに、人々はより幸せな気分になっていたのです[6]。

どうやって人の心をその枠組みになるように仕向けたのでしょうか。単純すぎると思われるかもしれませんが、それは、個々の単語が広く展開する連想リストを読んでもらうだけで、実現できました。オレンジジュース‐カンパリ‐イタリア‐バカンス‐スキー‐雪‐寒いといった、連想が広がる傾向になるリストを読むと、夕食‐皿‐フォーク‐ナイフ‐スプーン‐テーブル‐テーブルクロス‐ナプキンといった狭い範囲で進む反芻思考を模した単語や、牛‐新聞‐イチゴ‐ペン‐時計‐ライト‐飛行機‐ドーナツといった互いに直接関連しない単語が連なった連想リストを読むよりも、気分が著しく向上したのです。

幅広い連想を伴うもの

1. 毛糸 - セーター - 冬 - 雪 - アイススケート - スピード - レース - 車 - ホーン - バンド - ドラム
2. 犬 - 骨 - 鶏 - おんどり - 牧場 - 牛 - 牛乳 - クッキー - チョコレート - ケーキ - 誕生日 - キャンドル
3. 芋虫 - リンゴ - オレンジ - ジュース - コーヒー - 紅茶 - 牛乳 - クッキー - 焼く - オーブンレンジ - ポップコーン
4. 糸 - 針 - 注射 - 看護師 - 医者 - 薬 - アルコール - ビール - ワイン - チーズ - ねずみ - 罠
5. 狼 - 月 - 星 - 望遠鏡 - 顕微鏡 - フラスコ - ウィスキー - スコットランド - 羊 - 牛 - 納屋 - 農夫
6. ワイン - ボトル - コーラ - ルートビア - アイスクリーム - さくらんぼ - パイ - りんご - 種 - 植物 - 葉 - レーキ
7. クジラ - イルカ - マグロ - 寿司 - 米 - 紙 - ペン - タイプライター - 原稿 - 本 - メガネ - 目

狭い連想を伴うもの

1. 毛糸 - ニット - 糸 - 縫製 - ウール - ひも - かぎ針編み - 織物 - 針 - 糸巻き - セーター - ボー

ル
2. 犬 - 猫 - 子犬 - 動物 - 友人 - 家 - 食べ物 - ビスケット - ペット - 首輪 - 骨 - ポンド
3. 芋虫 - 土 - 釣り - くねくね - 這う - 土 - 地面 - 鳥 - ぬるぬる - りんご - 餌 - 穴
4. 糸 - 針 - 縫う - ひも - 布 - 服 - ロープ - シンプル - ミシン - ピン - 糸巻き - 毛糸
5. 狼 - 動物 - 犬 - ギャング - 狐 - 歯 - 熊 - 月 - 遠吠え - 危険 - 森 - 猫
6. ワイン - ビール - 赤 - セラー - チーズ - ブドウ - 夕食 - グラス - 酔っぱらい - 白 - アルコール - ボトル
7. クジラ - 魚 - 巨大 - あぶら身 - 海洋 - ほ乳類 - サメ - イルカ - 大きい - 保護 - 水 - 殺し屋

実験室で気分を向上させるもうひとつの意外に簡単な方法は、実験参加者にテキストをことさら速く読ませることです[7]。この研究では、画面に表示される時間を1文字あたり200ミリ秒から徐々に40ミリ秒まで短くして、文章を一度に1文字ずつ呈示したところ、気分が著しく改善されました。興味深いことに、この読書速度の気分に対する有益な効果は、文章にポジティブな内容が含まれているかネガティブな内容が含まれているかに関係なく得られました。気分が落ち込むように作られた文章でも、速く読むと気分が高揚するのです。その理由として、速読が高揚感を伴うことが知られており、躁状態のようなものを誘発するということがあります。実際、参加者は速読後、主観的な力感、創造性、エネルギーの増加感、自尊心の誇張など、他の躁病の特徴も示しました。

上記の気分の改善は、すべて健康な人を対象に実証されたものです。現在、私たちは、うつ病と診断された人たちに対して、これらの認知的手法を試しています。もちろん、うつ病には様々な症状、大きさ、そして様々な治療法への反応パターンがあります。しかし、少なくとも反芻的な要素が強い症状を持つ人には、認知的エクササイズで連想思考を広げることで、健全な連想思考スタイルを回復するための大脳皮質の基盤を再構築することができるのではないかと考えています。簡単に言えば、反芻思考は脳の構造的な喪失を引き起こすので、その反対である幅広い思考を実践することで、失われた体積を取り戻し、その過程で気分を高揚させることができるかもしれないというわけです。

神経科学の研究において、ここ数十年で最もワクワクする発見のひとつは、『成体脳における神経新生』つまり、高齢になっても新しい神経細胞が成長するというものではないでしょうか。[8] この発見により、楽観主義の波が押し寄せました。私達は成長し続けられる――細胞死や加齢による衰えだけでなく、生涯を通じて新しい脳細胞が生まれ続ける可能性があるのです。多くの大発見と同様、詳細はまだ不明であり、それをめぐる議論もないわけではありませんが、それでも画期的なことであることには変わりありません。成体脳における神経新生は、脳の2つの領域に限られています。1つは嗅球で、ここでは関係なく、またまだあまり研究されていません。もう1つは海馬で、特に歯状回と呼ばれる海馬の中の一部分に限られています。うつ病は海馬の体積を減少させますが、これは少なくとも部分的には成体脳における神経新生の能力を損なうためです。一方、成体脳における神経新生が増加すると、うつ病や不安神経症状が緩和されます。[9] さらに、薬理学的（薬物療法）および心理療法による治療が成功すると、ランニングと同様に成体脳における神経新生が増加することが示されています。[10] 最後に、海馬の神経新生が行われるのを阻害すると、抗うつ薬の効果が減少します。これらの新生ニューロンが既存の神経回路にどのように統合・同化し、具体的にどのようにうつ病の症状を緩和するのかはまだ不明ですが、一般化や幅広い思考などの探求の場となりうるでしょう。海馬は気分と記憶の両方に中心的な役割を果たすため、成体脳における神経新生は、うつ病だけでなく、認知症やアルツハイマー病にも希望を与えてくれるのです。[11] 私たちの方法が同じメカニズムを利用し、広い連想的マインドワンダリングの能力を更新することにより、うつ病患者の成体脳における神経新生を適切に回復させるのに役立つと考えています。そして、幅広く連想するタイプのマインドワンダリングは、想像上の経験から学び、気分を改善するのに役立つだけでなく、私たちの脳を変えることもできるのです。

連想の枠組みに入ることに関して、多くの人にとって良い知らせは、放っておけば実は自然にできるということです。私たちは皆、マインドワンダリングもしくは白昼夢によって気分を高揚させた経験があるはずです。実際、白昼夢の体験は楽しいものであり、それが白昼夢を定義する部分でもあります。1680年代に書かれた白昼夢の最も古い定義は、「起きているときに楽しむ、非現実的で素敵な空想」です。[12] ここでもまた、白昼夢は時間を浪費するものと思われがちですが、私たちの心が白昼夢をみやすいのは、それなりの理由があるのです。だからこそ、私たちは時々白昼夢を見ることを許し、もしかしたら毎日や毎週の日課にするべきかもしれません。実際、意図的なマインドワンダリングを他の活動と組み合わせることもできます。私はランニングやスーパーマーケットに行く前に、頭の中を占拠していた事柄、特に支払ったばかりの請求書や迷惑なメールなどを消し去りたい。たとえば、オルダス・ハクスリーの本の数ページを読むなど、魅力的な読み物に置き換えて、それを拭い去ります。あるいは、今書いている論文についてクリエイティブな思考を刺激したいときは、その関連する何かを読んだりします。すると、走っているときにマインドワンダリングが起きて、今読んだ本のことを考えようとする傾向があります。これは、「インキュベーション」と呼ばれる認知プロセスを意図的に誘導する方法であり、これによって、誰もが経験したことのある、アイデアがどこからともなく飛び出してくるような、アハ体験がもたらされるのです。とはいえ、私たちのマインドワンダリングの流れは、それ自体が意思を持っていると考えるのが正しいでしょう。その定義によれば、私たちはその方向を決定することができません。もし、予測不可能で制御不能なものでなかったとしたら、人生の出来事に対する創造的な解決策を生み出す上で、それほど有益なものにはならないでしょう。しかし、ワーキングメモリの内容を、マインドワンダリングが起きている時にさらに発展させたいものに置き換えることで、近づけることができるのです。

広範な連想的マインドワンダリングと創造性、そして気分との関連について学んだことは、標準的な思考について学んだことすべてを、探索的と活用型で対立する思考の新しい全体的理解に統合するための鍵になりました。

第10章　瞑想、デフォルトの脳、そして私たちの経験の質

50歳の誕生日に、私はマインドフルネスのトレーニングに挑戦することにしました。瞑想については、これまでほとんど試したり読んだりしたことがなかったのでかなり懐疑的だったのですが、記憶力や注意力の向上、創造性の向上、ストレスの軽減など、そのポジティブな効果について、最近の神経科学で相次いで発見されており、興味をそそられました。実際、8週間のマインドフルネスコースを受講するだけでも、海馬や前頭前野など複数の脳構造で灰白質密度の著しい増加が見られるそうです。(1) イスラエルに戻ったばかりの私は、神経科学者でもある親友から、彼女が1週間のヴィパッサナー瞑想リトリートに参加していることを聞きました(「ヴィパッサナー」とは洞察という意味で、ヘブライ語でも「トヴァナ」という同じ意味の単語があり、このリトリートを運営する組織の名前でもありました)。そのリトリートでは、1週間、すべての電子機器からプラグを抜き、完全に沈黙する必要がありました。私は、沈黙を厳守できるかどうか疑問でしたが、携帯電話やメールの着信音、画面を凝視することからしばらく逃れられるという概念には大きな魅力がありました。そ

して気づけば、内なる平和を求める60人のイスラエル人と一緒に、ナチスから逃れた建築家によって設計された古いバウハウス風の建物に座り、隣のアラブの村から時折イマームと呼ばれる指導者の祈りが聞こえる中、深い青い瞳を持つ英国人の指導者の柔らかい声に耳を傾けていました。人生とは、驚くべき組み合わせで成り立っているものです。

朝5時と夜9時半という、私にとって慣れない時間に起床・就寝し、菜食主義で、2段ベッドで寝て、毛深い見知らぬ3人と同室で、トイレは廊下の端に1つという、これ以上ない環境でした。私たちは、1時間のセッションで、黙々と座り、黙々と立ち、黙々と（そして耐え難いほどゆっくりと）歩き、黙々と横たわることに耐えました。

最初は嫌でした。しかし、その1週間の沈黙の中で、一般的な意味での思考と、そして特に自分自身の思考について、脳科学者としての数年間よりも多くのことを学びました。講師が自分の思考を「観察」するように言ったとき、なんと不条理なことだろうと思いました。しかし、実際にやってみると、すぐに自分の思考を観察できるようになりました。そして、自分の思考を見ることができるようになったのです。内心疑いながらも、言う通りに視点を変えるだけでできたのです。

しかし、ひとたび自分の思考に耳を傾けるようになると、自分が深刻な問題を抱えていることをすぐに理解することができます。思考は競い合い、侵入し、粘着し、煩わしく、どんどん大きくなっていくのです。そこで次に学ぶべきスキルは、思考が移動するのを助け、自分の精神的・感情的作業空間の居住者ではなく、訪問者に変えることです。当初、私はそのような思考をただ放っておくという試みが不可能であると感じました。逆効果になって、猛スピードで思考が渦を巻くか、反る羽目に陥って不安になるかのどちらかだったのです。ありがたいことに、参加した友人が毎晩の散歩で沈黙する決まりに背くことに同意してくれたので、私はその経験について彼女に質問することができました。私は罪悪感を抱いていませんでした。ここには学びに来ていましたし、彼女は不思議な修行についてよく知っていたからです。私が自分の思考のお目付け役として振る舞う試みがいかに不快であるかを彼女に訴えたとき、彼女はラベリングについて教えてくれました。これは啓示ともいうべきことでした。

思考の操作

思考は、私たちの幸福に直接影響を与えることがあります。特に、気になる思考は本当に邪魔に感じ、場合によってはその思考を止めることだけが私たちの望みとなり、極端な場合は自暴自棄な行動を起こすこともあります。たとえば自傷行為が一例です。心的外傷後遺症、うつ病、不安障害などの気分障害や、その他の多くの精神障害に苦しむ人々は、侵入する思考に苦しむあまり、自傷行為に走ることがあります。煩わしい思考の精神的苦痛よりも、自分の腕をナイフで切るという肉体的苦痛を好むという考えは、理解するのが難しいものです。

認知心理学の研究、心理療法や瞑想の実践の経験は、私たちは願うだけでは思考を取り除くことができないことをはっきりと教えてくれています。実際、意図的に何か特定のことを考えないようにしようとすると、不思議なことにまったく逆の効果が得られます。フョードル・ドストエフスキーは『冬に記す夏の印象』の中で、「白熊のことを想い起こしてはならぬ、と自分の心に命じてみるがよい。いまいましい白熊はかえってのべつまくなし、頭に浮かんでくるにきまっている」と述べています。[2] この直感は、後に故ダン・ウェグナー氏が切り開いた美しい研究により、「皮肉過程（アイロニック・プロセス）」と呼ばれる現象で裏付けられました。思考を止めようとすることは、実験室のような手の込んだ実験課題ではなく、むしろ私たちすべての人にとって日常的に必要なことです。フロイトなどが述べたような思考や感情の抑制から、さまざまなトラウマを考えないようにすること、心配しすぎないことでコントロールしようとすることまで、考えないことは常にチャレンジしていることなのです。あることについて考えないという能力がなければ、私たちは飛行機に乗ることも、肉を食べることも（私は食べませんが）、許すこともできないでしょう。

ここでもまた、静寂リトリートが私の知らないことを教えてくれました。それは思考を消し去るには、2つの効率的な方法があるということです。一つ目は、心理療法でも行われるように、その思考を認め、正面から向き合うことです。もうひとつは、その思考を認めた上で、その思考にラベルや名前をつけることで、通常、その思考を心の「箱」の中に入れて、不随意に再び現れるのを止めることです（なお、「ラベリング」という言葉は、私たちが身の回りの身近なものに名前やラベルを付けてしまい、そのために豊かなディテールを見逃してしまうことについて話すときにも出てきますが、ここで説明する思考のラベリングと混同しないようにしましょう）。

これらの新しい発見をもとに、私は試行錯誤を始めました。認識とラベリングはどのように機能するのでしょうか。あなたは、自分の心を占める特定の思考を調べ、それをいくつかの次元でラベリングします。その思考が引き起こす感情は、ポジティブなのか、ネガティブなのか、それともどちらでもないのか。過去、現在、未来のことなのか。自分についてなのか、他人についてなのか、あるいはその両方なのか。つまり、先週、あなたにとって大切な人からもらった褒め言葉について考えるなら、この思考は「ポジティブ、過去、自分」というラベルが貼られることになります。もし、動物にどう接する人なのかを貴方が知らぬまま里子に出してしまった子犬のことを心配するなら、この思考は「ネガティブ、未来、他人」とラベル付けされます。この訓練に取り組むと、ラベリングが終わったとたんに思考が消えていくのです。あるとき私は、メールが送信されるときの「シュッ」という音を想像し始めました。コントロールできるようになって来たのです。では、心配事が頭に浮かんだらどうでしょう。それを認め、ラベルを貼って、新たに生まれる思考に取り掛かればいいのです。

このシンプルなアプローチは、すでにある種の内なる静寂を得るには十分で、心がやかましくざわつくことが少なくなりました。考えることが尽きると、新しい思考を無理にしようと、仕事で達成したいことや、子供の経済的な将来について意図的に考えてみましたが、新しいおしゃべり的な思考は発展しません。すると、不思議なこと、時には驚くようなこと、たいていは喜ばしいことが、自分の身に起こり始めます。このプロセスの結果、少なくとも私の場合は、幸運なことに不気味なほど心が空っぽになるのです。自分の内側で何も起こらないということは、不思議であり、同時に素晴らしい体験であることは間違いありません（怖いくらいに一瞬、心が空っぽのままだったので、リトリートの後、仕事に戻れなくなるのではないかと心配になったほどです……）。そして、この内なる沈黙は解像度を増しながら、驚くほど新しい感覚をもたらしました。軽い風が腕の産毛を動かし、一筋の太陽が顔に当たるのを鮮明に感じ、フォークが唇に触れるありふれた感触がほぼエロティックなものに感じられたのです。それは、無心になることで得られる感覚的な詩歌でした。

しかし、そのような不思議な体験はほとんどないのです。私は時たま起きるそういった状態を歓迎すべき副次的効果として受け止めました。瞑想の実践が自分の思考や経験に何をもたらすかを知るために参加したのですから、実践に伴う激しい身体感覚とは無関係に、虚無に近い状態に達することは、私にとって十分に魅力的なことでした。

好奇心を刺激された私の次の検討課題は、すでにラベルを貼って忘却の彼方に追いやった思考を、再び前景に戻してみることでした。興味深いことに、それはできませんでした。まるで、封印され、ロックされ、あるいは蒸発してしまったかのように（あるいは単に記憶の奥深くに保存されているかのように）です。どんなに頑張っても捨てられないしつこい考え、心配事、執着、恐怖は、ラベルを貼るだけで効率よく消えてしまうだけでなく、戻したいと思ってもほとんど戻せないのです（もちろん、トラウマからの侵入記憶や、しつこい反芻のような思考は、思考のラベリングだけでなく、もっと強い一撃が必要です）。この発見は、とてもパワフルで斬新に感じられ、心、感情、経験をよりよく理解するための扉を開いてくれたのです。

自分へのリマインダーをメモに書き留めようと思った瞬間に、どうしても覚えておきたいことが意識（正確にはワーキングメモリ）から消えてしまうことにお気づきでしょうか。文章にした途端、そのことに執着しなくなるのです。あなたは、心的な前処理を小さなメモに委ねたのです。これは、ラベルを貼られた思考が消えるときに起こることと似ています。

ラベリングされた思考は、カプセル化されるため、思考に苦しむ（あるいは楽しむ）ことが少なくなるのです。言葉は、複雑な思考や概念の扱い方を単純化します。もし身体がフラフラとして、まとまりのない話し方をし、悪臭を放ち、全体的に不適切な行動を取る人について私が話したとしたら、あなたは心配になり、必要に迫られた際、その人にどうアプローチしたらいいかわからなくなるでしょう。しかし、その人について「酔っている」と一言だけ言えば、一瞬にしてすべてがクリアになり、対処できるようになります。医者が症状を聞いて診断を下すのと同じで、私たちは思考や概念を表すために言葉を与えるのです。そして、抽象的すぎてラベルにできない感情はどうなるのでしょうか。ポジティブかネガティブか、自己か他者か、過去か現在か未来か、などなど、カテゴリー化された次元を使い、何でもかんでもラベル付けしてしまうのです。これは無定形なものを騙すための方法です。

たとえば、自分の「問題」について話すとなぜか問題ではなくなる、という疑問があります。気になることを口に出すだけで、それを声に出して認めるようなもので、気持ちが著しく改善されることがあります。ある時期から、私は、具体的かつ明確に話しさえすれば、壁に向かって話しても十分な改善が得られると考えるようになりました。実際、悩みを抱えた人がその悩みを書くことで、たとえそのメモを誰にも見せずに破ってしまっても、症状が緩和されることが多いことを後で知りました。このような「書くセラピー」は、トラウマの軽減に役立つとさえ言われています。自分自身に、明確に、具体的に、認めるだけで十分なようです。[3]

マリオン・ミルナーは、『A Life of One's Own』の中で、単に思考を受け入れるだけで、悩みが少なくなるという、先ほど示した現象に似た現象を個人の発見として雄弁に語っています。例として、コーンウォールでの夏の日、しかし彼女にとっては11月の霧のような日に芝生の上に座り、何が気がかりになっているかを言葉にしようとしたことを述べています。それは魅力を感じる男性との出会いがあったのに、そこから発展しなかったことだったのです。彼女は、その出会いを何度も繰り返し、うつ病やその他の気分障害の文脈で「反芻」と呼ばれるものだと気づいたのです。しかし、その出来事や心配事について意図的に自分に語りかけるだけで、その反芻が強迫観念でなくなったのです。思考を認めること、つまり告白すること、認めること、受け入れることは、思考に名前をつけてラベリングすることに似ていて、思考を消すことができるのです。

興味深いことに、同じ原理は、精神的な出来事や心配事だけでなく、身体的な感覚にも働きます。たとえば、腕にハエが止まったとします（そしてハエは、瞑想してじっとしようとしているときによく飛んでくるようです……）。最初の反応は、それを追い払おうとすることです。これは、思考を積極的に取り除こうとするときと同じです。それは邪魔であり、侵入的であり、非効率的です。思考や痒みなど、どんなものであれ、ただ屈服し、そのままにしておきましょう。それを追い払うのではなく認識しましょう。するとおさまりが良いところに収まるものなのです。望むのではなく、許可するのです。このように、思考を認め、物事を許すという話は、正直なところ、以前は耐えられないほど抽象的で、根拠がないように思えました。しかし、これは有効な手法で、脳科学者として、また一人の人間として、魅力的に映ります。思考を認めることで、思考にラベルをつけ、思考の表舞台から切り離し、伝播させることができるのです。

明示的な表現によって緩和するという概念は、特に心理療法の文脈におけるカタルシスの概念を彷彿とさせます。（科学的にはやや議論の余地がある）催眠という方法、あるいは自由連想法という方法で、患者は内なる考えを声に出して表現するように促されます。この方法によって患者は、これまで適切に対処されていなかった過去のある出来事から連想される感情や記憶を表現することができます。このような心理療法に伴う緩和の多くは、カタルシスによる「浄化」の感覚に起因しています。共有することでなぜ安心できるのか、その理由は、終結感から、人間が苦手とする曖昧さの軽減まで、さまざまな説明がなされています。しかし、これらはまだ正式な科学的説明にはなっていません。とりあえず、思考が乱れるのは、記憶が不安定になったり歪んだりした結果であるという可能性を考えてみるのは興味深いということは言えます。これはトラウマの文脈で特に顕著です。

侵入的な思考や記憶、悪夢、うつ病に苦しむ被害者は、トラウマの詳細を再確認し、元の記憶の適切な再固定化を促進するような方法で安心を得ることができます。トラウマになるような出来事は、それが発生した時点で正しく整理されていないために、心に長く残る記憶の源となるようです。それは、興奮や激しい感情の高まり、あるいは特定の部分には注意を向け、他の部分には注意を向けないという選択的注意、あるいは特定の部分に対する積極的な抑制のためかもしれません（私たちはまず新しい記憶を定着させ、安定した形のまま保存できるようにしておくのですが、この記憶は取り出されるたびに、自発的かどうかにかかわらず、新しい文脈の情報によって形を変え、更新された形で再定着する機会があるというのは記憶に関してあまり知られていない事実です。これは、学習を豊かにするためだけでなく、最初の整理による歪みを修正するためにも有益なことです）。トラウマの出来事や詳細を、記憶の中で最も気になる「ホットスポット」に焦点を当てながら思い出してもらう暴露療法もあります。また、抑制を解除する薬物を使用することで、トラウマを抱えた患者がより容易に、より画一的な方法でトラウマの原因を再認識できるようにする治療法もあります。

身近な不穏な思考はトラウマに限ったことではなく、実は私たち誰もが日常的に経験していることです。私たちは、それに気付いているかいないかに関わらず、常に何かを心配しています。こうした心配事を誰か、友人やセラピストと共有したり、その不穏な思考を認めてラベリングしたりすることは、前述のトラウマにおける暴露療法と同様の効果があります。正直に共有する、あるいはラベリングするためには、快・中立・不快、過去・現在・未来、自己・他者、内向き・外向き、言語・視覚など、あらゆる側面を活性化し、それらを均等に考えることを迫られます。私たちは思考にラベルを貼り、感情にラベルを貼ります。そうすることで、感情と思考が分離され、感情はより明確になり、思考の支配力は弱まるのです。共有したり、ラベルを貼ったりすることで、物事を正しくとらえることができ、そして証明することができ、思考やそれにまつわる激しい感情は消えてなくなるのです。その記憶はきちんと保存されることになり、あなたの注意を引く為に内側に侵入し続ける必要がなくなるのです。精神分析も示唆しているように、心に長く残る記憶は、私たちの潜在意識が、適切な配慮とよりバランスのとれた再固定化を求める方法なのかもしれません。もしそうなら、私たちがどう感じるかは別として、侵入的な記憶には適応的な価値があることになります。

秘めた思考

私たちは皆、単に秘密を守ることができない人を知っています。私の知っている人でいうと、ロニティおばさんは、自分が聞いたことを、それが秘密かどうかに関係なく話します。ただひとつ違うのは、秘密を打ち明ける前に、まず「でも、これは秘密よ」と囁くことです。実際、フロイトが結論づけたように、人間には秘密を守ることはできません。

多くの人は、秘密を守ることができない私たちが、その秘密を明確に口にしないことを余儀なくされている間、脳と身体が私たちに代わって別の方法で秘密を表現するようになると考えています。物体をそわそわといじってるだけでも、私たちの身体は秘密を世間に伝えることができるかもしれません。80年代の日本映画『マルサの女』では、国税庁の税務調査官2人が脱税の達人の元を訪れます。彼の部屋に入る前に、先輩調査官は助手に「詐欺師に金庫の場所を聞くから、容疑者の目をよく見て、質問された瞬間に彼がどこを見るか確認するように」と言います。助手は注意して見る必要がありました。なぜなら、容疑者は、調査員に視線を戻し、金庫はないと言い出す前に、金庫の場所を素早く見るからです。そして、まさにそのようになったのです。これは映画であり、もちろん科学的ではありません。私自身、このトリックを何度か試したことがあります。たとえば、本当に欲しいソフトウェアディスクの場所を、私から隠していた秘書に聞き出したことがありますが、これも科学的とは言えません。しかし、科学は、真実を語る身体、特に手という見方を支持しているのです。(4)

秘密についてはすでに多くのことが語られていますが、秘密がもたらす心的、肉体的な負担については十分ではありません。私たちの中には、秘密が絶え間ない努力を必要とすることに、すでに個別に気づいている人もいるでしょう。罪悪感や社会的な不快感があるという以上に、秘密は心的そして感情的な許容量を単に圧迫する代表的なものなのです。秘密を守ること、特に差し迫った秘密は、風邪から慢性疾患まで、あらゆる種類の身体的な不調や精神的な障害（うつ病）を引き起こすと報告されています。私は活発で楽観的な、かつて癌を克服した年配の女性を知っています。彼女は、自分の癌は、今の夫との不倫を当時の夫に隠した結果であると確信していると話してくれました。このような個人的で非公式な報告は今回が初めてではありません。そして、秘密や罪悪感が健康に壊滅的な影響を与える可能性があるという科学的な報告とよく一致しています。[5] もちろん、秘密が知られることでより大きな害をもたらす可能性があるという意味で、秘密にしておいた方が良い秘密もあるので、これは断言できるものではありません。

意図的に隠すことを選択する自発的な秘密があり、考えたくない邪魔なものの抑制があり、他人に対して隠す秘密と自分に対して隠す秘密がある。これらはすべて、私たちをある程度苦しめています。これらはすべて同じ理由によって、私たちの心的な能力に負担をかけるものとなっています。その理由は脳の抑制と関係があります。何かを言う（する）のを控えるというのは、受動的な動作ではなく、能動的な動作であり、代謝や心的エネルギーが必要です。それが長く続くと、知覚や感情、内外の環境などを十分に処理する能力が低下するのです。

秘密を守ることで起こりうる悪影響は興味深いものですが、ここではあまり関係ありません。それよりも、私たちにとって興味深いのは、オープンにすること、共有することの利点です。ロニティおばさんが一番よく知っているように、秘密を共有することは、気持ちを和らげ、安心させるのです。話さない、抑える。これらはすべて、コストをかけて抑制することになります。一方、話したり表現したりすることで、貴重な精神的資源が解放され、創造的なアイデアを生み出すような、より価値のある活動ができるようになります。抑制を解除すると、エンドルフィンという楽しさを感じる分子が分泌され、気分を良くすることができます。また、資源を解放することで創造性が高まり、これも気分を良くすることにつながります。とはいえ、社会で生活する以上、ある程度の抑制は必須で、たとえばレストランで魅力的な人にやみくもに触って回らないのもそうですし、そういったことを言うこと自体も止めるべきものでしょう。

瞑想で思考をどのように扱うか、それがどのように人と何かを共有することに似ているか、そして、内なる思考を他人と共有するときと同じ利益をどうして期待できるか、この関連性についてもうお分かりいただけるでしょう。瞑想における共有とは、自分自身と共有することであり、外部の聞き手を必要とせず、自分自身を最大限に認めることです。

瞑想は、迷いから思考をきれいにすることを教えることで、人生の豊かな細部に感謝することを助けます。今この瞬間、景色や音、風によって引き起こされる感覚、新鮮なイチゴの味をより鋭く観察するようになるのです。

瞑想はいかにして私たちをマインドフルにするのか――神経科学者の視点

枕に座って自分の思考を観察し、そして立ち戻って呼吸に細かく集中するということを繰り返す。

これがマインドフルになるための転機になるのでしょうか。マインドフルな生活を育む瞑想の力を説明するために、科学者であり時々瞑想を実践している私が見た3つの要素があります。1つ目は、『拡散された注意』です。自分を取り巻くすべての場所、すべての物に対して、偏りなく、特権的な配分もなく、等しい重みで環境に注意を向けることができることです。これは、フロイトが精神分析家に新しい観察に対してオープンであるための手段として推奨した「差別なく平等に漂う注意」と呼ばれるものに似ています。私たちは皆、そうすべきなのです。通常、注意という言葉は正反対の意味を持っています。非常に特殊で一般的に狭い場所や特徴に集中し、その注意の「スポットライト」の外にあるものはすべて無視し、抑圧さえします。しかし、瞑想の実践によって、自分の環境全体を同じように重要なもの、潜在的に興味深いものとして受け止めることができると主張され、多くの人がすでに証明しているのです。何を、どこに注意を向けるかというトップダウンの誘導がないとき、あなたの注意はどこにも向けられず、そしてどこにでも向けられるのです。

瞑想がマインドフルになるために脳に与える2つ目のことは、期待をしなくなるということです。私たちの脳のデフォルトの状態は、期待することです。何かが起こることを期待したり、何かが良いものであるか悪いものであるかを期待したり、将来について何かを望み、そして自分の期待との比較で物事を判断するのです。現在進行形の呼吸を見ることは、今、ここにいるのだということを頭に意識させる仕掛けです。そして、今ここにいることによって、あなたは未来のことを考えることから切り離されるのです。何も期待しないとき、これから起こることに心を開くことができるのです。

瞑想が現在の体験の質を高めるのに有効な3つ目の要素は、思考、欲望、恐怖への『執着心を減らす』ことです。思考の幅やアイデアの流れを制限する主な要素は「抑制」です。抑制とは、思考の幅、連想の活性化の幅、そして心的運動の全体としての進行（速度、範囲、距離）を制限する力のことです。ざっくりいえば、抑制の強い人は気分障害になりやすく、抑制の弱い人は創造性が高くなるということです。抑制が少なければ停滞が少なくなり、より進歩するのです。瞑想においては、思考にしがみつくか、流れに任せるか、という言い方がされます。

マインドフルネスに必要なこの3つの要素を結びつける主だった機械的なリンクがあり、それはトップダウンのプロセスにどれだけの影響を与えるかということです。これは、ボトムアップのプロセスにどれだけの比重が与えられているかということと比較されます。最終章で詳しく述べますが、トップダウンとボトムアップの信号の比重、つまり、記憶から入ってくる情報と感覚から入ってくる情報をどれだけ全体の状態に取り込むかということが、私たちの心の状態を決めるのです。この比率が、私たちの気分、思考の連想的な広がり、注意と認識の範囲を決定します。上記の3つの項目は、すべてトップダウン処理によって形成されます。注意の誘導はトップダウンで決定されます。拡散された注意とは、トップダウンによる注意の誘導がゼロであることを意味します。すべてが平等であり、スポットライトもありません。また、2つ目に挙げた期待をしなくなるということは、入力と比較するために記憶から予測や知識を送り出すトップダウンの信号をオフにすることを意味します。最後に、抑制もトップダウン的なもので、これはうつ病の大きな懸念事項であり、反芻の原因でもあります。思考を手放すことは、トップダウンの指令を減らすことに直結しています。トップダウン↓抑制が少ない↓行き詰まることがない↓進歩が多い。

まとめると、トップダウンの影響は、これまで見てきたように多くの状況で決定的に役立ちますが、現在の状況では、トップダウンのプロセスは、私たちの心の状態や思考に3種類の悪影響を及ぼします。それは注意の焦点を絞る、記憶に基づく期待を送る、抑制の程度を決定する、です。この3つはすべてマインドフルネス瞑想によって調節されます。

これら3つの影響は、全く同じトップダウンの仕組みというわけではありません。注意誘導、予測信号、抑制はすべて脳内のトップダウンの力ですが、解剖学的に異なる起源、様々な神経伝達物質の重複する、しかし同一ではない関与、影響の時間軸の違いなどを伴います。しかし、これらに共通するのは、私たちがこの世界で物事を経験する際に、内部でトップダウン的にコントロールする形式をとるということを示している点です。予期しそして範囲を限定したローカルなものと、制約を少なくしたタブラ・ラサ的なグローバルなもの、どちらでもこれが当てはまります。

もちろん、ヨガをする人が、トップダウンの影響を減らすために、座って前頭前野を明示的に狙っているわけではありません。ほとんどの人は、前頭前野がどこにあるのかさえ知りませんし、皮質の活性化は一般に意識的にコントロールできるものではありません。この操作は、ニューロフィードバック技術を彷彿とさせるもので、個々の脳活動と練習がうまく機能するように強化し、補強するものです。瞑想の練習のガイドラインに従うことで、人はトップダウンのコントロールの出所について考えることなく、その出所に影響を与えることができるのです。呼吸に集中し、思考にしがみつかないということを、何度も何度も練習を繰り返し、強化することで、知らず知らずのうちに、トップダウンの押し付けの影響を減少させ、それがうまくいくのです。明らかに、古くからある瞑想の実践は、こうした最近の神経科学の知見や知識をすべて考慮して開発されたものではありません。その代わりに、瞑想の実践は、存在と経験の質を最適化するために開発されました。そして偶然にも、この試みられた実践の主要な柱はすべて、私たちの生活の中で、あらゆる種類のトップダウンの影響の役割を減少させることと関連しています。

自分の思考や内面に意識を向けることは、環境にも意識を向けることにつながります。徐々に、無関係な思考が浮かんでこなくなることに気づき、人生をより自由に体験できるようになります。豊かで自覚的な生活を送るために加えるべき唯一の材料は、没頭することです。自分たちの現在いる世界を発見したら、次は踏み込むことです。

もし、私が腰を落ち着けて、これまでの人生のすべてを、思い出せる限りの詳細に書くとしたら、250ページほどの本になるでしょうか。55年、約2万日、つまり50万時間近く、私に、あるいは私によって起こったことが、そして私が思い出せるだけのものが一冊の本にまとめられるのです。私はよくマインドワンダリングを起こし、消え去っていた小学3年生の時や、工学系の学校での2年間や、子供の頃、あるいは親になってからの家族の夕食の数々のシーンを見ます。泥棒に入られたシーンも見た気がします。そして、その泥棒は私自身でした。マインドフルでないこと、今ここにいないこと、本当に参加していないことは、自分の人生に存在していないことなのです。自分が本当に目撃したわけでもなく、自分が本当に参加したわけでもないことを、どうして思い出すことができるのでしょうか。私はそこにいましたが、実際にはいませんでした。

マインドフルの状態で没頭していると、体感している出来事のスピードが遅くなり、細部の豊かさが何倍にも拡大されるようです。サッカーのゴールキーパーは、ペナルティーキックの際に、私たちが認識できないほどのスピードのボールを見て反応します。彼らは、少なくともボールが自分に近づいてくる瞬間には、とてもマインドフルな状態なのです。私は、娘のナディアを膝に乗せて、メイン州の森でATV（四輪バギー）を運転したことがあります。その時、私は興奮しすぎて、一気に曲がった拍子に横転してしまったのです。そのときの一連の出来事と思考の連鎖は、今でも鮮明に覚えています。娘が重い車に押しつぶされるんじゃないかと心配したのを覚えていますし、私はスローモーションになった感覚で彼女を持ち上げ、バギーから彼女が離れるように安全に横に投げました。感情の強さが、私を特別に注意深くさせ、警戒させたのです。極限の状況下では、全注意力が必要とされるのです。これは極端なケースや、才能あるゴールキーパーや野球のバッターにだけ許される特別な力でないのは明らかです。ただ、「今」、「一つのこと」に全ての注意を集中させることです。全ての注意を集中させることがコツなのです。

体験がマインドフルなものとなるために、その体験がペナルティーキックのように強く、刹那的である必要はないのです。もし、あなたが無関係な思考や内なるおしゃべりに全く気を取られなかったとしたら、あなたの認識は、映画『マトリックス』のネオのように、一日中、刻々と変化していたことでしょう。あなたが完全に参加したすべての出来事は、ファーストキスのように認識され、記憶されたことでしょう。

年齢を重ねるごとに、時間の流れが早くなっていることに気づきます（「うわー、もう1年経ったのですか」)。これは、目新しさがあると瞬間を長く大切にできるからで、世界が身近になるにつれて目新しさがなくなっていき、時間を滞留させて主観的に引き伸ばす機会が少なくなるからだと、以前は思っていました。しかし、重要なのは注意なのです。もし、私たちがその瞬間に注目すれば、時間は長くなります。もし、私たちが慣れ親しんだものにも新たに注意を向けることができれば、ここにいる時間を長く感じることができ、私たちの主観的な寿命を延ばすことができるでしょう。

マインドフルネスのジレンマ

瞑想はマインドワンダリングの核となる部分に影響を与えるので、DMNにも影響を与えます。そしてこの関係は、今までに数多くの研究が明らかにしてきました。ある例では、経験豊富な瞑想者と経験が浅い参加者が、異なる種類の瞑想（精神集中、慈愛、選択なき気付き）を行いながら、DMNの活動を比較しました[6]。瞑想経験者では、デフォルトネットワークの活動が有意に低く、これは、瞑想が心の迷いを減少させることを示す多くの観察結果と一致します。さらに、DMNを構成するさまざまな領域間の結合は、瞑想経験者では未経験者に比べて強く、瞑想がDMNの異なる部分間のコミュニケーションの効率も向上させることを示唆するものです（ここで、科学的知見を検証する際の重要な注意点として、「相関は因果関係を意味しない」ということを強調しておきます。たとえば、ここでは、瞑想者の結合性の向上は、瞑想を経験して持続する人の固有の特性であり、瞑想の実践それ自体によって引き起こされる特性ではない、ということが考えられます。しかし、瞑想がこのような効果をもたらすという考えを支持する十分な報告があり、特に、各個人において瞑想の経験が増えるにつれてその効果が増えていった場合に、瞑想がこのような効果をもたらすと考えられるようになります）。また、ウィスコンシン大学マディソン校のリチャード・デビッドソンによって開拓された研究では、瞑想が感情の調節や精神的回復力（レジリエンス）に良い影響を与えることが示されています。[7]さらに最近では、瞑想は注意力と記憶力を向上させ、加齢に伴う幸福感と心的健康を促進することも示されています。[8]瞑想があなたにとって良いものであることは明らかでしょう。

瞑想はまた、経験のためのスペースを作ります。新しい体験には、新しい脳の活動と皮質のリソースの利用が必要です。ある瞬間、脳が忙しければ忙しいほど、新しい体験に割り当てられる資源は少なくなります。新しい体験は「肘で押しのけて」入ってこなければなりませんが、もし私たちの心がすでにいっぱいいっぱいになっている時は、残されたリソースは、部分的で表面的な体験しかできないことになります。心がいっぱいいっぱいの状態では、感覚や連想、感情を呼び起こすことができません。たとえば、赤の色も鮮やかでなく、花も美しく感じないのです（実際、認知負荷は、美的な美しさを評価する能力だけでなく、喜びを感じる能力も低下させます。うつ状態の心に対して常に反芻することで生じる認知負荷と、快感消失と呼ばれるうつ病の際に喜びを感じる能力の低下との間に関連性を示そうとしていることはすでにおわかりいただけると思います）。したがって、体験の質を高めるためには、現在進行中の思考を減らし、これから行う体験が脳内でその素晴らしさを存分に発揮できるようにするためのスペースを増やす必要があることは明らかです。瞑想は、進行中の思考と出現した思考を効率的に処理することで、新鮮な体験のためのスペースを確保します。思考はやってきては去るということを繰り返しながら、次第に頭の中からなくなっていき、次に参加する体験は、より完全に、より高い解像度で、マインドフルに体験できるようになります。心がいっぱいいっぱいになる状態はマインドフルネスの敵なのです。

しかし、ここでマインドフルネスのジレンマが生じます。思考をコントロールし、今この瞬間に注意を集中させることができるようになると、面白い、いや、奇妙なことが起こるのです。それは自分が体験していることを観察するようになるということです。自分の体験に注意深くなるだけでなく、体験している自分にも注意深くなるのです。「彼の話を聞いてはいるが、彼は私が話についていけてないことを知っているだろうか」「みんなは自動的に反応しているが、私は違う」「私はとてもお腹が空いている。豚のように食べていることに誰も気づかないと良いなあ」「子供たちが一緒に食卓を囲み、笑っていることがとても幸せだ」など。あなたは素晴らしくマインドフルな状態になり、今を大切にし、視野の中心と周辺、現在の経験の前景と後景に注意を払うことができるのです。上司の冗談に大げさに反応する自分を観察し、そんなに露骨にゴマをすることはないと自分に言い聞かせることができます。誰かに失礼なことをされたときに、イライラが爆発しそうになるのを観察して、それを中和することができます。このように、自分の身に起こっていることをよく観察することで、大きな利益を得ることができます。しかし、注意深く、マインドフルであることは、私たちの経験に対する見方を徐々に変えていきます。私たちは、自分の人生のエピソードの主役になるのではなく、目撃者、傍観者になるのです。

F１マシンを何周か運転する機会を得るために、多額の費用を支払ったとします。その場合、自分が運転しているところを観察したいわけではありません。速いスピードのスリル、騒音、危険、ガソリンやタイヤの焦げた匂いなど、F1体験にのめり込みたいのですし、それが楽しいのです。あらゆる心配事が消え去り、自己意識さえも後退するために、ある体験に熱中し、五感で生き生きと感じることは、人生最大の喜びのひとつです。マインドフルネスのトレーニングには大きな価値があり、今この瞬間を最適化するために定期的に時間を割くことを強くお勧めしますが、ただマインドフルであることのマイナス面を認識し、心を開いてその視点を捨て、経験に没頭することを断念し、準備が整っていることが必要です。ダンサーになるのではなく、ダンスそのものになりましょう。

第11章　没頭して生きるということ

少し前のことですが、仕事に出かけようとしていた私は、幼い娘のニリが朝食をとっているところに声をかけました。娘は大きな窓の外を見つめていて、その窓からは木々が茂る穏やかな風景が広がっていました。私は、娘が白昼夢を見ているのだろうと思ったのです。私は、「何を考えているんだい、ニリ」と尋ねました。「別に。ただ、外を見てるだけ」と言いました。その言い方は私の質問を奇妙に思ったようでした。私は、彼女が心の中で「どうして私が何かを考えなければならないの！」と叫ぶのを聞いた気がします。心の中の煩わしいことにとらわれずにいられるのは、とても素晴らしいことだと思います。

ただ座って窓の外を眺めているだけで、自分が観察していること以外のこと——今取り組んでいる仕事のこと、最近配偶者に言われた新しい靴に対するお世辞、10歳のときにいじめっ子におもちゃの銃を盗まれたときのこと——に意識が向かないようにできたのはいつが最後でしょうか。私たちの思考は、瞬きする間にここではないどこかへ私たちを連れ去ることができるのです。ニリが、父親のことを少し変だと思うくらいで、まだ完全に今を生きることができていることが魅力的だと思いました。しかし、日を追うごとに、ニリは今に集中することが難しくなっていくのだろうと思うと、その瞬間は切なくもありました。彼女の心はますますマインドワンダリングを起こすようになり、過去について反芻し、未来について推測し、友達が自分をどう思っているか堂々巡りの心配をし、クラスの格好いい男の子について考えるようになるのでしょう。

心に残る映像

私は熱心な信者ではありませんが、ヨム・キプール（ユダヤ教の休日で、過去1年間を反省し、終日断食して祈る日）には仕事をしません。前回のヨム・キプールが始まろうとしているとき、私はあるパラグラフを書き終えようとしたのですが、その代わりに窓の外から明るい銀色の月を見つめている自分に気づきました。そして、そのパラグラフを素早く書き上げ、休日が始まるまでの残りの30分間は、その美しい月を眺め、楽しむことにしようと自分に言い聞かせました。そして、ノートパソコンを閉じ、窓を大きく開け、椅子を調整し、月を愛でるために次の数分間を過ごすことにしました。しかし、私はすぐに、ずっと分かっていながら認めようとしなかった事実、「月を見続けていることができない」ということに気づきました。私の思考はすぐにマインドワンダリングを起こしてしまったのです。

この月の例をもとに、私たちの考え方がどのような軌道をたどるかを考えてみましょう。いくつかのシナリオが考えられます。1つ目は、月やターゲットとなるものを1～2秒眺めた後、気づかないうちに、ワーキングメモリに保存されている直近で頭を占めていたこと、つまり、あるパラグラフや休日の予定、あるいは子供の頃の断食に関する思い出といった思考を再開する場合です。2つ目のシナリオでは、目の前の月から他の思考へと、連想の経路を経てシームレスに移動していきます。豪華な月だなぁ↓先日観たニール・アームストロングの映画『ファースト・マン』は全然悪くなかった↓なぜ人々は、あれは実際には起こらなかったという陰謀論を信じることができたのか↓ポール・マッカートニーが1966年から死んでいるといった他の説も同様↓隠されたメッセージを探して何度『レボリューション9』を逆再生してみただろうか↓幼い頃イスラエルで新しい音楽を入手するのはどれだけ大変だったことか。月からスタートしても、心は自分の心に備わっているような連想の波に乗るのです。3つ目のシナリオは、いわば月に留まることを強く決意し、まるで瞑想で呼吸をするように、自分が流されていることに気づくたびに、心を月に戻していくことです。そうやって月に向き合い続けることで、クレーターや顔に見える模様、境界線、一周する間にどれぐらいの部分が欠けるのか、そしてまた満ちるのかなど、月の要素を精査するようになるのです。ちょうど先ほど述べたボディスキャンのように、月だけをスキャンするということです。結果として、月に集中することができるようになったわけですが、それでは不十分です。なぜなら、私たちの心が他の話題に移ってしまうという問題を、月の特徴の間を行き来することに転嫁してしまったからです。実際、瞑想でさえ、本当に落ち着いた状態でいることを教えてくれる訳ではありません。なぜなら、たとえ呼吸だけであっても、呼吸が鼻孔を流れる間にその効果を観察することによってそうするのであって、呼吸が体の中でどのように感じられるか、出たり入ったりを絶えず調査しているからです。これはまだ心の動きの範疇です。第4の思考パターンは、その瞬間を大切にするという尊ぶべきものですが、脳がこれを完全に実現できているかというと、そうでもありません。どこにも行かずに、ただ「月」について考えるという状況です。月に目を向ける前に気になったことを思い出したり、記憶の中で月と関連しているものを連想したり、月の要素や性質に注意を移したりせずに、「月」という概念にとどまる。その月という概念とともにあること。なぜ私たちの心は、自分自身に「月」と言い聞かせ、ほんの1分でもその月を見続けることができないのでしょうか。

物についてだけでなく、事実上不可能であるように思えます。思考が発生した後、その思考にはとどまることはできません。同様に、感情や評価にもとどまることはできません（「あの人、いい人そうだな」と思ったとしても、心は次に向かいます）。これが難しいのには、ちゃんとした理由があるのです。

私たちの心は、あることがきっかけで別のことが起こる連想型です。先に詳しく説明したように、私たちの知識、経験、そして記憶の中のすべてのものは、巨大な網の目のようにつながっています。この網の目または意味論的ネットワークでは、それぞれの概念、事実、表現が、異なる距離で、他のすべての概念とつながっています（猫から犬へは1ステップ、猫から冷蔵庫へはひょっとすると牛乳を経由して2ステップ、猫から飛行機へはさらにステップが必要といった具合です）。このような巨大な接続性を持つ構造は、大きな利点をもたらします。また、トピックや共起現象の発生しやすさによって物事がつながっているため、記憶符号化も記憶検索も行いやすくなっています。「共起現象」

は、もう一度くどくどと説明する価値のある専門用語です。私たちの身の回りには、典型的な配置で一緒に出現（または発生）するものが多くあります。キッチンではオーブンと冷蔵庫が一緒に出現したり、海岸ではビーチパラソルとビーチチェアが一緒に出現したり、といった具合です。このような共起現象は、脳にとって有益な統計情報となります。たとえば、サファリにおいてはキリンがいる可能性が高いですが、ビーチにおいてはそれほどでもないといった具合です。ですから、ある項目について記憶検索するときに、こういった順序で並んでいれば、検索が非常に簡単になるのです。この記憶の配列は、最大の利点である予測する能力の基礎にもなっています。私たちが積極的で、（ほとんど）いつも次のことを予測しようとするのは、連想と連想の活性化のおかげです。キッチンに入ることがわかれば、どのようなものが、どのような空間配置で並んでいるのかがおおよそ予想がつくでしょう。同様に、就職の面接に行くとき、どのような服装をすればいいか、どのような準備をすればいいか、といったことが分かるのは、過去に経験したときに連想的に頭の中に蓄積されたものだからです。私たちの環境で何が起こりやすいかという統計は、私たちが記憶し、予測するのを助けてくれます。

このように、次から次へと連想が活性化する性質は、私たちの人生において財産であると同時に、月を見ているだけで何もしないわけにはいかないない理由でもあります。連想の動きは強制的なものなのです。

経験の質

私たちは、まるでエイリアンのようにこの地球を歩いています。私たちのほとんどは、たいていの場合、自分の居場所があるように感じていますが、同時に疎外感を覚えています。それぞれが自分の内側にいて、適合しようとしていますが、常に自分の世界に閉じこもっているのです。私たちはグループや集会、クラブに参加し、チームやパーティを応援し、ルールを守り、慣習に従って行動し、社会や文化が指示することは何でもします。すべては、つながりを感じ、疎外感の中で集団の一部であると感じるためです。その結果、暗黙のうちに、あるいは明示的に、「私対世界」という態度が生まれ、孤立を生み、人生を常に苦難に満ちたものにしてしまうのです。しかし今なら、あなたが世界の中にいるとき、世界はあなたの中にあり、あなたの心の中にあるということがお分かりいただけるのではないでしょうか。世界がどのようなものであるかは、あなたの心がどのようなものであるかによって決まります。あなたの心が、あなたの経験を豊かなものにするか、平坦なものにするかを決定するのです。個々人の心の中にある世界の反映こそ、唯一の世界なのです。私たちはお客様ではなく、第三者でもなく、関係者でもない、体験者なのです。

頭の中で起こっていることが私たちの経験に影響を与えるという考えは、些細なことであり、同時に驚くべきことです。思考のパターン、心の活動の量、そして心の状態が、心的にも肉体的にも、周囲の世界をどう解釈し、どう感じるかに直接影響します。物理的な感覚は絶対的で客観的なものであるべきだと直感的に思えるので、私たちは、それが自分に与えられたもので、自分は知覚することしかできず、自分の経験について何も言えないと思って歩いています。たとえ、私たちの認識が主観的なものであり、カントが言うところの「物自体」ではないことを理解したとしても、一般的にそれは簡単に忘れ去られ、私たちは自分の人生において受け身をとることに戻ってしまうのです。結局、センサー（目からの視覚、皮膚からの体性感覚、耳からの聴覚、舌からの味覚、鼻からの嗅覚）は、同じ物理的刺激に対して常に同じように反応するはずです。私たちは、同じ体験に対して、刺激→反応という同じ反応を期待します。それは、電気回路に同じ入力があれば、何があっても常に同じ出力になると知っているエンジニアのようです。しかし、その刺激に対する私たちの知覚、つまり主観的な体験は、私たちの内的世界の状態によって大きく異なります。私たちは、瞬間瞬間の体験において、単なる主体ではありません。鳥肌が立つ、怖い、赤面する、絵画を楽しむ、葉についた朝露の美しさに気づく、口の中で徐々に変化するオレンジの味を楽しむ、あるいは私たちの状態全体がどのように感じられるかは、私たちの状態によって決まります。体験は脳の中で行われるのです。

体験を要素に分解してみましょう。たとえば、湖に映る月明かりを見るというシンプルな体験をみてみましょう。この映像は目に入り、網膜の細胞を活性化させ、そこからいくつかの中継局を経て一次視覚野（視覚情報を受け取る大脳皮質の最初の部分で、他の感覚にも同様に一次皮質があります）に入ります。ここまでは、体験というより、無意識の反応です。仮に、あなたが完全に麻酔をかけられ、私があなたのまぶたを開いて、この視覚的なシーンがあなたの目に入ったとしても、同様の反応があなたの一次視覚野に現れると考えてください。つまり、これはまだ体験にはなっていないのです。

そこから、この例では視覚という情報が、ニューロン間でボトムアップ、トップダウン、さらには側方（横方向）の影響が混在しながら、視覚野を伝播し続けます。皮質反応のどの段階から主観的な体験の一部と見なされるようになるのでしょうか。視覚野の中間領域もしくは前頭前野の皮質階層構造の最上位領域に到達したらでしょうか。あるいは領域間が組織的に協調したらでしょうか。意識の哲学と科学では、主観的な体験の質は『クオリア』と呼ばれることがあります。暑い日に冷たいビールを飲んだり、小さな娘に抱きしめられたりしたときに感じる、その出来事の単なる物理的特徴に対する反応を超えた追加のなにかです。娘の声や匂い、ハグの機械的な圧力、顔にかかる娘の髪のくすぐったさなどに対する受容体の反応に加えて、感覚的な反応とはかけ離れた、深い暖かな感覚、喜びなど、表現できない体験があります。ロボットやゾンビがするような体験と私たちがする体験を区別するのは、この体験の質なのです。

体験は連続体です。一方の端には、網膜や一次視覚野のような、まだ主観的体験と呼んでいない最下層の存在があり、もう一方の端には、主観の最上層にある捉えどころのないクオリアがあります。体験には客観的な側面と主観的な側面があることを強調したいだけなので、皮質の反応が経験に変わる正確な線については、それが1本の線だったとしても気にしないことにしましょう。同様に、体験には認知的な側面と感情的な側面があり、意識的な側面と潜在意識的な側面があるのです。

その体験は、私たちが知覚しているものが何であるかを理解することを超えています。揺らめく湖は、記憶、連想、感情、予感なども活性化させます。これらもすべて、私たちの体験の一部なのです。それらの異なる観点は、同じだけでなく異なる脳領域を活性化し、体験の様々な側面を供給します。キス、平手打ち、昇給、侮辱、予期せぬ申し出など、これらの人間の経験は、認知、感情、その他多くの観点を組み合わせて、その経験を豊かなものにしています。

この議論からすぐに得られる結論は、体験が適切に展開されるためには、皮質の「不動産」が必要だということです。しかし、私たちの心は忙しく、騒がしいという性質があるため、そのような不動産は常に確保されているわけではありません。娘に抱きしめられたときや、湖に映る光のきらめきなど、どんな経験にも無限のディテールがあります。その詳細を心に映し出すために、またその詳細に関連する記憶や感情を連鎖させるために、受信側の脳で利用できるリソースが多ければ多いほど、私たちの体験は豊かになります。もし、あなたの頭の中のほとんどが、明日のプレゼンテーションの計画や、先程読んだ返信待ちのやっかいなメールについての反芻で占められているとしたら、ハグやファラフェル（潰した豆を揚げた中東の料理）を楽しむ余裕はないでしょう。体験やそれに関連する思考には、発展させる余地が必要なのです。もし、あなたの思考が他の場所にいってしまっていたら、あなたの体験は少ないものになります。気が散ったり、占領されたりしている心は、私たちが体験するために必要な作業スペースとまったく同じ場所を使っているので、経験から遠ざかってしまうのです。それは、重なり合っている空間です。現在のことを考える場所を確保するため、このスペースから過去と未来を移動させます。記憶、過去の感情、未来の心配、すべてが現在の経験と体験と思考に取って代わってしまうのです。

片付けなければならない部屋のことを考えながらリンゴをかじると、リンゴに関連した思考や活動が行われなくなります。なぜなら、その神経細胞は部屋に関連した思考に取られてしまうからです。そして、序盤に触れたジェームズ・ボンドのエピソードも同様で、心ここにあらずの状態だったために、カーチェイスや網膜や鼓膜に発せられる物理的刺激を吸収できなかったわけではありません。確かに感覚野に吸収されたのです。しかし、私の内部で発生したマインドワンダリングは、正しく体験するのに必要な大脳皮質の資源を消費してしまうほどだったのです。つまり、「空きがなければ体験できない」「多少の空きがあれば多少体験できる」「十分に空きがあれば十分に体験できる」と考えてください。注意の分散は、ゼロサムゲームにおけるリソースの分散を意味します。

マルチタスクの可能性を研究していると、同時進行するタスクが同じ領域のものである場合、それらを実施するのが難しいことに気づきます。たとえば、文章を読みながら別の文章の読み上げを聞くというのは、非常に難しいものです。一方、指を叩きながら読むのは、この2つのタスクが大脳皮質の異なる部分を必要とするため、はるかに簡単です。とはいえ、すべての並列処理は、どちらのタスク処理の質も低下させてしまいます。このように、既存の思考が現在の体験の質を低下させるのは、今現在と他のどこかとの間の競り合いだからです。

今の心の状態が、次の体験に味付けをする

新しい体験には、その豊かなディテールを展開するためのスペースが必要なだけでなく、皮質のスペースを見つけたとき、そこですでに皮質活動全体を支配しているある種の心の状態に出くわし、

それに従わなければならないのです。新しい体験は、それがどのような豊かさをもって表現することを許されたとしても、進行中の共通的な心の状態によって、汚染と言わないまでも味付けされるのです。揺らめく湖は、脳のスペースという観点で余裕があるかどうかだけでなく、たとえば、それが大脳皮質に入ったときにあなたが悲しいか嬉しいかによっても、異なる体験になります。

これは悪いニュースでもあり、良いニュースでもあります。悪いニュースである理由は、私たちの体験にさらに歪む要素が加わり、主観的なものになることです。選択的注意、トップダウンの期待、記憶への依存、偏見などのために、物事をありのままに見ることができないだけでなく、また皮質の限られた面積によってディテールが制限されるだけでもなく、体験は、既存の心の状態に一致するように柔軟に引き伸ばされ、歪められるのです。隣に立っている人間が、まったく同じように世界を見て、そして出来事を吸収することができるでしょうか。それは望み薄と言わざるを得ません。しかし、このことは、私たちが今知ることとなので、良いニュースとも言えるのです。

私たちに負担をかけ、消費させ、注意を喚起し、心の資源を飲み込んでしまっているものは、私たちの目の前に展開する瞬間から私たちを遠ざけているのです。私たちから現在を奪う並列プロセスの筆頭は、マインドワンダリングです。このマインドワンダリングは、私たちの望みとは無関係に心を占める、進行中の思考、計画、シミュレーション、反芻の一定の流れです。マインドフルネス瞑想は、現在進行中の活動を最小限に抑え、新しい体験が大脳皮質で翼を広げるためのスペースを確保し、心の状態をニュートラルにすることで、最も純粋な体験となるように調整されています。

ウィリアム・ブレイクは『天国と地獄の結婚』の中で、「もし知覚の扉が浄められるなら、あらゆるものはそのありのままの姿の無限を人に顕わすであろう。人間は、自分を閉じ込めた結果、遂には万物を自分の洞穴の狭いすきまから覗くようなことになってしまったのである」と述べています[1]。確かに、もし知覚の扉（オルダス・ハクスリーの美しい本のタイトルであり、そしてバンド「ドアーズ」の名前の由来でもあります）が偏見や性質から浄化されないとしたら、それはルーチンやステレオタイプなどの思考に固執すること、探索型ではなく活用型であること、現在ではなく過去に依存すること、ボトムアップではなくトップダウンで動くこと、肌で感じたものからではなく記憶から引きだすこと、ここにいるのではなくそこにいることになります。

上の子がまだ小さかった頃、私が朝食を作って一緒に食べていると、私のボーッとした態度や、明らかに心ここにあらずで考え事をしている様子をよくからかわれたものです。当初は、私の表情、つまり鋭くも超然とした目つきが怖いとさえ言われました。このように、ただ心ここにあらずの状態になるだけでなく、マインドワンダリングに全神経を集中させることができるのもすごいところです。私はゾンビ化した父親で、肉体は同じ部屋、同じテーブルにいながら、実際にはそこにいないのです。その状態で、私は会話や彼らの笑い、口の中に広がるメープルシロップのかかったワッフルの味をどのように体験したのでしょうか。私は自動ロボットのように動作していたのです。私はしばしば、真面目に参加していなかった会話に参加しているように見え、賢明な答えを返していることに啞然とすることがあります。そして、それは私だけではありません。人生の多くは、私たちが参加することなく、目の前を過ぎ去っていくのです。

没頭することは参加することである

先日、美しいアマルフィ海岸を素晴らしいオープンカー、フィアット・スパイダーで堪能するために、ナオルと一緒に南イタリアに数日間行きました。結局のところ運転がそのハイライトで、大きな理由としてマニュアル車のシフトレバーにありました。アマルフィ海岸に行ったことがある人なら、道路がものすごく曲がりくねっているだけでなく、非常に険しい岩の崖の端にぴったりと寄り添っていることをご存知でしょう。周囲のイタリア人ドライバーは、だらしない50代の外国人が10代の若者を連れて遊びに来たからといって、スピードを落とそうとはしませんでした。コントロール不能になってティレニア海に突っ込まないように、一瞬一瞬を、心を砕いて走らなければならなかったのです。ギアを1速、2速、3速、4速、5速、6速と切り替えていくにつれて、引き込まれました。私が運転をしていたのです。私が運転そのものだったのです。本当にスリリングでした。久々に爽快で、すべてを包み込むような楽しさでした。しかし、人生とは、ほとんどの人にとって、ほとんどの時間、自動運転と同じようなものです。ある年齢になると、私たちは自動運転について十分に理解し、徐々に人生をDレンジ（ドライブモード）に切り替えていきます。自動運転はほとんど車自身によって運転されるものであり、私たちは受動的な乗客でもあります。

なぜ、没頭することで、私たちは生きていると感じられるのでしょうか。その答えは、没頭とはボトムアップのみが起きている状態であり、感覚と反応がすべてで、心は口出ししていない、ということです。ある体験に没頭しているとき、私たちはその体験について考えることはありません。考えない。おしまい。世界が何かを伝え、あなたの心がそれに反応する。マインドワンダリングも、期待も、リソースの分割も、判断も、熟慮もない。外的または内的な環境の特定の側面に焦点を絞るのではなく、何に対しても広くオープンになり、すべてを感じることができるのです。

没頭することは、楽しい人生や満足のいく経験をするための重要な要素ですが、マインドフルネス瞑想が教えてくれるのは、そのようになることではありません。マインドフルネス瞑想が教えてくれるのは、今を意識し、観察し、目撃し、今ここにいることです。これは必須ですが、十分ではありません。自分の人生に参加するのは、私たち次第なのです。私たちは自分の体験の傍観者ではないし、クリップボードを持って観察し、コメントし、解釈するコーチや科学者でもありません。私たちはその中に飛び込んで、直接感じたいのです。ある活動に本当に没頭するとき、私たちは夢中になりすぎて、自分自身を観察することができません。あちらを立てればこちらが立たない。より観察しようとすれば没頭する度合いが薄れ、より没頭すれば観察できなくなるのです。

先ほどお話したマインドフルネスのジレンマとは、マインドフルであることで私たちは目撃者、観察者にはなれますが、必ずしも没頭しているわけではないということです。マインドフルなときも、没頭しているときも、私たちの心は現在にあるのですが、没頭しているときは、自分がそうであることに気づいていません。没頭しているときは、良くも悪くも、私たちは自分の体験に我を忘れているのです。

我を忘れるというのは、単に比喩的な意味だけではありません。自分自身の感覚を失うことで、DMNが自分のことを考えるのをやめ、内なる言葉で話すのをやめさせるという、素晴らしく健康的な心の洗浄ができるのです。これは、ビデオゲームの中毒的な魅力の一部です。ゲームデザイナーはプレイヤーをゲームに没入させることを目指しており、プレイヤーはゲームに没頭する度合いが極めて高かったとき、自分がゲームの一部になったように感じたと報告しています。ネット上にはゲームの没頭度合いをランク付けしたリストもあり、現在『バトルフィールドV』が1位となっています。

もうひとつ、没頭すると失われるのが時間感覚です。実は、時間感覚の変化は、没頭感の度合いを測る一つの信頼できる指標として示唆されています[2]。メジャーリーグの打者が、投球をスローモーションで知覚したという報告にも、この効果が現れています。平均時速145㎞の速球に対するこの現象を、それ以外にどう関連付けられるでしょうか。この時間感覚の喪失がなぜ起こるのか、神経科学的な意味での熱中に関する研究はまだ始まったばかりです。比較的研究が進んでいるのは、『熱中』という概念です。

没頭が状態であるのに対して、熱中は特性です[3]。つまり、没頭は一時的ですぐになくなる状態であり、熱中は没頭傾向に関する一般的な性格的特性のことを指します。当然のことながら、両者はしばしば同じ意味で使われています。熱中の特性のスコアが高い人は、より頻繁に没頭することになります。伝統的なビッグファイブの性格尺度における経験に対する開放性と外向性は、没頭の傾向と正の相関があることが分かっています[4]。興味深いことに、没頭は幻覚や妄想とも正の相関があるため、精神病の実験参加者は有意に高い没頭のスコアを示します[5]。また、没頭の特性は、スピリチュアルな体験や宗教的な体験の信頼できる予測因子です。全体として、没頭と熱中の両方が、経験を受け入れることに関連しています。

没頭しているときや熱中しているときは、DMNの活動はかなり低下しています[6]。没頭して自分を見失うと、自己について考えるネットワークが活動しにくくなるのは理にかなっています。目の前の体験に心を奪われると、それ以外のこと、特にマインドワンダリングにはほとんど神経細胞の活動が割かれなくなるようです。もちろん、前章までの議論を踏まえると、体験に没頭するためのもう一つの重要な条件は、トップダウンの影響を遮断することです。期待、願望、計画、記憶からの投影、物事に名前をつけることなどは、すべて没頭の妨げになります。トップダウンを減らし、マインドワンダリングやDMNの活動を減らすことが、没頭することの中核です。

先に見たように、マインドフルネス瞑想もまた、DMNの活動と自己についてのマインドワンダリングを減少させます。違いは、瞑想では、将来の体験のための心的なスペースを解放するために、それらが低減されることです。一方、没頭は、DMNの活動やマインドワンダリングを減らしてくれ、それによって現在の体験に直接参加できるようになります。没頭では、デフォルトモードネットワークの活動が抑制されるため、その心のリソースを刺激的で没頭できる、すべてを包み込むような体験に振り向けることができるのです。没頭は爽快です。瞑想では、自己や他の思考が（たとえばラベリングによって）蒸発し、より一般的な空虚さが生まれます。瞑想中に自己について思考することがあっても、それをそのままにしておきますが、没頭しているときに何らかの形で自己を意識させられると、そこから引き出されるという事実が、ひとつの違いを際立たせています。くだらない例を挙げましょう。私はなぜか、自分が圧倒的に年長者である場所に身を置くことが多いです。ダンスクラブ、クロスフィットのトレーニング（アメリカ発祥のトレーニング）、ヨガ、あるいはテルアビブの楽しいレストランなど、音楽、運動、会話に没頭する機会に身を投じています。年齢差や自分の不器用さは考えません。しかし、年齢を意識させるような発言をされると、それだけで「自分だけ白髪交じりである」「自分は柔軟性がない」「周りの人よりも学歴もある」ということを強く意識してしまいます。しかし、問題は、自覚的になることは、たいてい自意識過剰になるほんの一歩手前であることです。私は、自分がみんなからじろじろ見られているような気がしてくるのです。そうすると、実は自分自身を見つめていることに気がつきます。没頭が観察に変わり、喜びがなくなるのです。

また、フロー体験の一部として、自己意識や時間感覚の喪失が報告されており、没頭との関連性が高いように思われます。1970年代にミハイ・チクセントミハイが『フロー』という概念を提唱して以来、フローに関する確かな神経科学の研究は驚くほど少ないのです[7]。チクセントミハイは、フローを「タスクに深く関与している状態」と表現しています。これは、タスクに必要なスキルとチャレンジの度合いが適切なバランスにあるときに、脳が陥るものです。スポーツのパフォーマンスにも有利とされ、アスリートがフローでニューロフィードバックのトレーニングを受けることもあるほどです。大きな違いとしては、没頭がポジティブな体験に限定されないということです。衝突を避けるために車のブレーキを必死に踏むような体験にも没頭することになります。フローでは、ある課題をこなすことも必要で、チャレンジングな気持ちになるのですが、没頭では、特定の目標を追求することなく、ジップラインに乗ったり、キスをしたりと、一瞬一瞬の体験に流されるだけなのです。

概念や心理現象に圧倒されるのを覚悟で、没頭と意味飽和の興味深い関連性について説明します。意味飽和とは、ある言葉を繰り返すことで、その言葉の意味が一時的に失われることです。「アボカド」と50回言ってみると、次第に「意味のない音」にしか聞こえなくなることに気づくでしょう。いま大枠は示しましたが、繰り返しによってトップダウンの影響はなくなり、すでに知っている記憶への参照も抑制され、感覚からボトムアップされた音だけが残されるのです。これはまた、ロシア語で異化（ロシアの形式主義者ヴィクトル・シクロフスキーが1917年に発表した論考「技法としての芸術」で用いた造語）という芸術的実践を連想させます。その実践とは見慣れた人物や物、概念を本来の意味から離れた奇妙な形で呈示し、それらを見るための新しい視点を作り出すというものです。トップダウンの関与がない状態で、物理的な刺激に没頭していく。こうした五感への注意を払うことで没頭や「臨場感」が、普段は気づきにくい微細な物理的ディテールを知覚する感度を向上させることも不思議ではありません[8]。

没頭している反対の状態には、退屈な状態が挙げられます。退屈というテーマについて、多くの研究があることに驚かれることでしょう。退屈はＡＤＨＤの文脈で語られることが多く、特にＡＤＨＤの人は退屈なタスクに対する耐性が低いということです（全くその通り！）。ＡＤＨＤは、没頭している状況では消えてしまうようです。注意力に問題がある子供たちも、没頭できるほど興味を惹かれる体験があれば、完全に注意力を発揮するようです。

没頭できるような体験が持つ可能性を無駄にするのは、とてももったいないことです。私たちの脳は、ＤＭＮが領域を占有するように進化しましたが、ＤＭＮを通らないことでこの上ない喜びを得られるようにも進化しています。

考えすぎなければ、良い体験ができるだろう

本書を書く一つのきっかけが、2016年6月に『ニューヨーク・タイムズ』に書いた「Think Less, Think Better（考えすぎなければ、良いことが思いつくだろう）」という記事であったことに言及しておこうと思います。この記事は多くの読者の心に響いたようです。私たちは明らかに、体験の質を気にしており、現状の質に満足していないのです。私たちの多くは自分の人生の傍観者であること、つまり没頭しなければ体験は浅いこと、さらに悩みや反芻で忙しく、あるいは単に進行中の情報でいっぱいになった頭では、体験の質が低下することなどがこの記事の主なポイントでした。

なぜ「考え過ぎない」なのか。それは、心的資源と皮質の「不動産」の利用可能性が高まることで、経験の質が高まるからだけでなく、多くの思考やあらゆる種類の心的干渉の存在によって、独創的でクリエイティブな思考の能力が妨害されるのです。本来、私たちはクリエイティブでイノベーティブな種族です。この素晴らしい能力を奪ってしまうのは、日常の心のゴミなのです。最近、私はイスラエルで最もクリエイティブなシェフであり、私がこれまで出会った中で最も興味深い人物の一人であるエヤル・シャニをバル＝イラン大学のキャンパスに招き、クリエイティビティについて夕方から議論しました。このイベントは即座に完売し、講堂はこれまでにないほどの人でいっぱいになりました。私は冒頭の挨拶で、人々の魅力について私が長年観察してきたことと、クリエイティビティというテーマについてお話ししました。もし、このイベントのテーマが「人生を15年

延ばす方法」であったとしても、これほど多くの人が集まり、熱狂したとは思えません。そして、ここには希望に満ちた幸せな感情があります。私たちの自然な傾向として、探求し、学ぶことがあるということです。もっと食べたい、もっと眠りたい、もっとテレビを見たいと思うのではなく、クリエイティブでいたいと思うのです。

このように、私たちの体験の質を低下させる原因は複数あり、そのすべてに対処することが人生におけるより良い経験のために必要であることが分かってきました。第一に、私たちの経験の質は、私たちの知覚の扉が浄化されていないために汚染されており、おそらく変化してしまっているということです。気質、バイアス、偏見、信念、強い期待などが、私たちが世界をどのように見るかに影響を与えます。第二に、私たちの人生の深みと豊かさは、頭を使い果たし、マルチタスクをする傾向によって劇的に減少します。マルチタスクとは、一度に複数のことをしていることだというのは誤った表現でしょう。実際、一度に1つのことだけをしようとする（考えることも含む）のは耐え難い訓練です。そして、私たちの心的な能力に対する複数の作業依頼は、必ずしも自発的かつ意識的に選択されていません。第三に、おそらく最も深い要因であろう、没頭の欠如です。私たちは常に自分の人生を見たり語ったりできるわけではなく、自分の人生の中にいる必要があるのです。

人生を最大限に体験するにあたって、主要な障害であるトップダウンの気質、心的な負荷、没頭していない状態についての説明を繰り返しましょう。これらの障害を取り除くための最良の方法は、私が知る限り、マインドフルネス瞑想です。ただし、他にもあるであろうと考えています。マインドフルネスは、外界と内界に対する私たちの反応を統合します。そして、私たちを偏見や決めつけ、期待を持つ気質やその他のトップダウンの影響を減少させ、私たちが現在に集中するのを助けてくれます。仏教でいう「空」とは、心が空っぽという意味ではなく、心のゆがみがない状態という意味です。没頭することについては、また別の話です。

全体として、マインドフルネスを理解することは、思考が体験の質にどのように影響を与えるかを理解することです。マインドフルネスそれ自体が私たちを幸せにするのではなく、良いことも悪いことも含めて何が起こっているのかを意識することで、人生をありのままに経験することができるようになるのです。

帰ってきた幸福感

数年前、私はリオデジャネイロで開催されたコンピュータビジョンの学会に招待され、講演を行いました。期間中のある晩、主催者が私たちをマラカナンスタジアムのフラメンゴ対ヴァスコ・ダ・ガマのサッカー観戦に連れて行ってくれました。私はサッカーファンではありませんが、ブラジルの、それもマラカナンスタジアムなんて、なんということでしょう。スタジアムの雰囲気は、危険とまでは言いませんが、目の覚めるようなものでした。試合終了後の帰り道で、シャツを脱いだファンが非常に楽しそうに踊りながら歌っているのを見かけました。カナダから来た同僚のスヴェンが私に向かって、「モシェ、あんなに幸せになるには何が必要なんだ」と聞きましたが、悲しいかな、何も思いつきませんでした。第49回のスーパーボウルで、マルコム・バトラーが土壇場でインターセプトしたシーンを除けば、いや、おそらくあと2、3回はなにかあるでしょうが、あれほどうっとりした瞬間を思い浮かべることはできないでしょう。もちろん、幸せなことは何度もありましたが、深く、邪魔されることなく、のびのびとした幸せは、大人になるとあまり経験できないものです。

娘の15歳の誕生日に、フランクフルトで開かれた美学と脳に関する科学会議に一緒に参加した時のことです。誕生日プレゼントの一環として、2人でハリー・スタイルズのコンサートに行きました。私と1万5000人のティーンエイジャーの女の子たちが興奮しながら集まりました。その群衆と周囲の振る舞いは魅力的でした。人間の本質に興味を持つ神経科学者にとって、ここは10代の総体と真の幸福を表す巨大なシャーレでした。私は、子供たちの表情、ボディランゲージ、会話、そしてスタイルズ氏への落ち着かない期待感を観察していました。これほど多くの喜びに包まれたことはありません。待ち時間から本番、そして終了まで、とても幸せで自由な空気が流れていて、ハリー・スタイルズのような大スターは、健康や幸福をもたらすという意味で、社会的に名誉ある存在にふさわしいと思うようになったのです（どうやらスタイルズは、その1ヶ月ほど前に女性も男性も好きだとカミングアウトしたばかりのようで、そのおかげで何千人もの迷えるティーンエイジャーたちが解放され、色鮮やかなゲイフラッグを掲げてショーに来ることを誇りに思えるようになったようです。苦悩、お金、セラピストなどの助けが必要な事柄が、才能あるたった1人のアイドルによる意思表明で救われたのです）。

しかし、私は個々の喜びに焦点を当てたいと思います。席に着いた2人の女の子が、自分たちが本当にスタイルズを見ようとしているのだと気づいた瞬間に私は気づきました。その2人はとても喜んだ様子で顔を見合わせたのです。あのような表情をする大人は、久しく見たことがありませんでした。どんなにお金や功績があっても、ノーベル賞委員会から電話がかかってきても、これほどまでに幸せな表情を見せることはないでしょう。あの素朴で、にこやかで、純粋に、ただただ幸せそうな2人の顔は、ショーの間中、そしてそれ以来ずっと私の心に残ったのでした。

この「素朴」という言葉にこそ問題があるのです。なぜ幼稚で素朴な人だけがこのようなことができるのでしょうか。なぜ私たちは不幸を運命として受け入れてきたのでしょうか。過去に経験した極上の幸福感を日常的に再現することを要求することは、非現実的なことだと切り捨てるべきではありません。

幸福はだんだん捉えどころがなくなる目標であることが証明されました。ハーバード大学、そして後にイェール大学でも、圧倒的な差で最も多くの学生を集めた講座は、幸福に関する2つの講座です。私たちは幸福を約束してくれるものに弱いものです。これは明らかに人類の絶え間ない探求だといえます。私たちは不幸な人種であり、物事をより良くする方法を必死に探しているのです。ですから、もちろん、私がここで言うような極端な幸福を求めることは、妄想とまではいかなくても、貪欲に見えるかもしれません。しかし、私たちは、年齢とともに極端な幸福がどこに行ってしまったのかを問うてみるべきだと思うのです。

幸福は私たちの存在にとって重要なものですが、その概念には科学的な定義がありません。気分の定義もほとんどありません。現在、私たちがここまで論じてきたのは、どう考えるかがどう感じるかに影響し、どう感じるかがどう考えるかに影響するということでした。心的な活動は、私たちの状態を決定します。自分の幸せは自分の脳が担っているのだと思うと、安心感を覚えます。

第12章　状況に応じて最適化される心

瞑想室で、30〜40人の仲間と一緒に、枕や小さな敷物に座って、静かに過ごすとします。45分間、自分の呼吸に集中すると、非常にリラックスした状態になります。あなたの思考は深くなり、あるいは願わくば自分の考えを観察するようになって、目を閉じています。遠くから鳥の声が聞こえ、全体的に雲の上にいるような気分です。もうすぐ正午になりますが、時間の感覚はまったくなく、朝の6時からずっとこうしている状況です。突然、チベットシンギングボウルの鳴る音が聞こえました。大きな音ではありませんが、はっきり聞こえます。セッションが終わったのです。一瞬にして、あなたの身体と心は完全に変化します。部屋の外から靴と水のボトルを持ち出し、食事がなくなる前に食堂に駆け込むという、この先のことがすぐに脳を埋めていきます（まあ、私がまだ悟りを開いていないことはお分かりでしょう）。筋肉が緊張するのを感じ、もはや雲の上にいるような心地はしません。内面から外面へ、現在から未来へ、受動から能動へと、一瞬にして自分の存在が完全に変容し、すべてを包み込んでしまったのです。

洞察は思いがけないときに襲ってくるもので、モスクワへの家族旅行中のある深夜、私はこれまで述べてきた、マインドワンダリング、予測、知覚、マインドフルネス、新しいものに感じる魅力、広範な連想思考、気分、没頭などの知見をすべて振り返り、突然、これらの異なる次元がすべてつながり、一緒になって私たちの心の状態を作っているという気づきを得ました。それらは束ねられ、相反する2つの心の状態の間をスペクトラム上に連動して変化しているのだ、ということです。

包括的な心の状態

私たちは、複数のシナリオや多数の状況に適応する、ダイナミックで汎用性の高い生物です。私達の心は一定ではない、というと直感と反するかもしれません。瞳孔が拡張して特定の光量に最適に合わせることができるように、私たちの心全体はタスクや置かれた状況に応じて変化することができます。

「心の状態」とは単なる言葉遊びではありません。心の状態はすべてを包含するものであり、動的なものなのです。私たちの心の状態は次のような次元で変化します。私たちは、創造性に富み、広い視野で物事を考えたり、狭い視野で集中的に考えたりすることができます。私たちは、自分の周りの世界の大局的な特性（「森」）または局所的な特性（「木」）に注目し、知覚し、記憶することができます。私たちの知覚は、ボトムアップによる受信情報またはトップダウンの予測やバイアスに影響を受けることができますし、気分がポジティブ（最大だと躁状態）またはネガティブ（最小だと鬱状態）になることができます。マインドフルネス瞑想のように「今」にいることもあれば、精神的に過去や未来にタイムトラベルすることもあります。また、自分に関係するトピックについて内向きに考えることもあれば、周囲の環境に対してより外向きに考えることもあります。そして、学び、経験し、不確実性を許容する動機については、斬新なものを「探索する」こともあれば、慣れ親しんだものを「活用」することもあります。これらはすべて連続したスペクトルであり、「広い」から「狭い」へ、あるいは「開いている」から「閉じている」へ移動します。しかし、人間の心を説明しようとするとき、これらの要素を理解し、考慮する必要があります。

この新しい心の状態の枠組みは、ノア・ヘルツと共同で開発したもので、その中心的なメッセージは2つあります。私たちの状態は動的であり、知覚、注意、思考、開放性、感情といったすべての側面が、状態の変化に応じて調和して動くという点で包括的だというものです。[1] このような異なる心の状態は、異なる偏見と気質を伴い、私たちの知覚、認知、思考、気分、行動に実質的で偏在的な影響を及ぼすことがあります。心の状態は、環境に対する私たちの主観的な経験や、私たちの存在そのものを文字通り変えてしまうのです。脳が「状態」を持ち、現在の状況に応じてさまざまな精神的プロセスを調整し、まるで私たちの心全体を覆う網のようであることを理解することは、魅力的であると同時に重要です。

たとえば、創造的な思考が炸裂している最中であれば、思考も幅広く連想され、頭の中が広くなり、ポジティブな気分で、よりグローバルでボトムアップで探索的な方法で周囲の世界に注意を払い、知覚し、新奇性に対する感受性も高まっているといえます。このような状態を、私は「広く開かれた心の状態」と呼んでいます。一方、トップダウンで記憶力を駆使して仕事をこなすことに集中している場合は、より限定的な情報しか考えず、日常を好み、固定観念が強く、新奇性や不確実性を避けています。もし心がさまようなら、それは狭い範囲で行われることになります。これが「狭量・閉鎖的」な心の状態です。

心の状態という概念は、未来に関する情報を含んでいるという直感的に分かりづらい側面があります。通常、自然界の現象を測定する場合、何であれ高度な測定器を使い、システムの現在の状態を測定することができます。たとえば、部屋の温度や電球の光の強さ、飲んでいるコーヒーに含まれる砂糖の量などです。そして、それが情報というものです。たとえば、心電図から心臓の過去の動きを知ることができたり、遠くにある星から見える光がはるか昔に放たれたもので、その光が私たちに届く頃には、その星はもう存在していないこともあるのだ、ということがわかったりします。実は、夕焼けを楽しむということは、数分前の夕焼けを、光と色で測定しているのです。しかし、心の状態には、将来の自分に関する情報も含まれています。現在の自分の状態に基づいて、さまざまなきっかけや刺激に直面したときに、どのように反応し、感じ、行動する可能性があるかということです。まるで、現在の株式市場の動向から、今後の株式市場のパフォーマンスを予測するようなものです。もし、完璧な心の測定ツールがあれば、今のあなたの状態（たとえば、開かれて広い状態）から、これから起こる問題を解決するための独創性や、リスクを取る可能性が高いか低いかを予測することができるでしょう。今の状態は、未来の自分を予測するものなのです。

心の状態は、性格的な特徴とは異なり、明らかに気質、態度、行動、パフォーマンスにも影響します。せっかちな人は長時間の集中力を欠くでしょうし、ビッグファイブの「経験への開放性」という性格指標で高い評価を受けた人は、活用型で安全な行動よりも探索型の行動を取りやすいと言えます。パーソナリティは包絡線、心の状態はその包絡線の中での個人の揺らぎと考えることができます。心の状態はより一過性のものであり、連続的なものではありませんが、同じように影響力があるのです。たとえば気分。今が楽しいか悲しいかは、現在の注意の範囲や記憶などの能力に直接影響します。同様に、紙とペンを見つける前に長い数字の羅列を記憶しなければならないときや、単に多くのことを考えているときなど、ワーキングメモリに負荷がかかっているかどうかは、その間の創造性、探索型か活用型かに直接影響します。このことは、環境中の新奇性をどれだけ容易に感知できるか、その状態で意思決定を行う際にどれだけのリスクを取るかに影響することになるのです。

ウィリアム・ハチソン・マーレイは、ジョン・アンスターによるゲーテ『ファウスト』の緩やかな翻訳に触発され、「できること、あるいは夢見ることは何でも、それを始めなさい。大胆さには、才能、力、そして魔法があるのですから」と書きました[2]。私はこの言葉が大好きです。この力強い言葉は、人を行動に移させ、決意を植え付け、心の状態を根本的に変えることができます。

たとえば、あなたがチームのマネージャーで、グループでブレインストーミングのセッションを行うことにしたとします。何週間も悩まされ続けている大きな問題に対して、クリエイティブな解決策が必要であり、集団で解決することで奇抜なアイディアが生まれるかもしれません。問題は、どうすれば人々が本当に創造性を発揮できるようになるのか、ということです。

では、チームメンバーがどのような心の状態でセッションに臨むべきかを考えてみましょう。当然のことに聞こえるかもしれません。しかし、本当に集中するために、腰を据えて準備してほしいと考えているのでしょうか。雑談もせず、ドーナツやピザも食べず、真剣に問題解決に取り組む姿勢で臨んでほしいという訳です。考え直してみましょう。先ほど、機嫌の良い人は創造性が高く、斬新な洞察を必要とする問題解決に長けている傾向があることを説明しました。というのも、私たちが幸せな気分でいるとき、心は広義の連想モードに入るからです。ですから、参加者に明るく、セッションが楽しいものだと感じてもらいたいのです。モンティ・パイソンの映画や、陽気な猫のビデオを見せることで、雰囲気を盛り上げることができるかもしれません。予想外ではないでしょうか。笑いを誘ってから、問題を投げかけるのです。これは、私たちが日常生活に取り入れることができるプロセスのほんの一例にすぎません。つまり、心の状態を統合し、その時々の要求に合わせて調整するのです。

ここで、「心の状態」という包括的な枠組みの中で、もう一度没頭について考えてみましょう。没頭とは、探索型の状態の極限であり、記憶や慣れ親しんだ連想、期待などのトップダウンの押し付けがなく、すべてボトムアップで受け取る状態です。もう一方の極端な状態である完全に活用型の状態というものが可能ならという注釈が付きますが、環境からの外部刺激に反応するニューロンが1つもない状態を指します。すべての処理は、内部からの情報や感覚に依存することになるのです。そこで、私の研究室では、感覚遮断タンクを購入し、皮膚温の水の中で暗闇に浮かべ、音や光などの物理的な刺激を一切与えないようにしています。

それぞれの状態における心的な体験が相互に関連し合っているという洞察を得たとき、このことはずっと明らかであったように思えたのです。しかし、脳に関する研究があまりにも区分けされているため、このように考えざるを得なかったのです。学生時代は、認知はある研究分野であり、注意は別の研究分野、記憶や気分は別の研究分野であることを学びます。研究者になると、いずれかの分野に特化することになり、その結果、これらの分野がどのようにつながっているのかがわかりにくくなります。しかし、私は自分の専門外の分野で得られたさまざまな知見に引き寄せられ、自分の研究室でその隔たりを越えてきたため、最終的に点と点が結ばれたのです。その結果、ようやく絵が見えてきたというのが、これまでで一番うれしい発見でした。それは、難解なパズルが解けたという科学的な喜びだけでなく、この発見が私たちの日常生活に役立つとすぐにわかったからです。このスペクトルを理解することで、私たちの心を目的に応じて一方向に動かすことができるようになるのです。

探検対活用

子供たちとボストンの科学博物館に行ったとき、昼食のために入ったカフェテリアで、入り口の近くに子供たちを座らせて、人間の心に関する興味深い事象を見せてあげるのが好きでした。入ってきた人は私たちの皿を見つめ、出ていく人は私たちの顔を見るのです。これは食べ物の情報に対する飢えと、社会的な情報に対する飢えという、顕著な状態の違いです。生存のため以外では、人間は報酬を最大化しようと努力します。報酬が多ければ多いほど楽しいものです。あるときは食べ物、あるときはセックス、あるときは学習、あるときは楽しい日常など、私たちが何にやりがいを感じるかは、そのときの状態によって異なります。不思議なことに、基本的な知覚でさえも、そうした心の状態に左右されます。私たちは、自分の環境を、完全に、連続的に、均質に、いつも同じように知覚しているという主観的な印象を持ちがちです。しかし実際には、私たちの知覚は想像以上に多くの影響によって導かれ、制約され、歪められているのです。

私たちの要望、目標、意図は、私たちが周囲のシーンから感覚器官で収集するものを決定する強力な推進役です。バスの発車時刻を急いでいると、途中の建物の美観に気づきにくくなりますし、誰かの美しい顔に集中していると、後でその人のシャツの色を思い出すのが難しくなりますし、森の景色を楽しんでいると、個々の木の変化に気づきにくくなります。実際、私たちが環境を観察する範囲は、タスク、文脈、そして気分などの要因によって変化することが示されています。

心の状態が、私たちの行動や知覚にこれほど直接的に影響するとしたら、その強力な心の状態を決定するものは何なのか、知りたくなるかもしれません。目標や意図を超えて、私たちの状態を決定する一つの力は、「探索」と「活用」の間の脳内の興味深い綱引きによるものだといえます。多くの点で、この2つの極端な状態は、それぞれの不確実性に対する寛容さの違いになっています。

日常生活では、この2つの両極端の間で健全なバランスが保たれており、どちらも必要なものです。もし私たちがある程度探索的でなければ学習や発展は望めませんし、必要なときに慣れ親しんだ確かなものを活用しなければ生き残ることは難しいでしょう。探索と活用を支える神経基盤や、その切り替えを行う神経伝達物質やその関連メカニズムは現在盛んに研究され、徐々に明らかになってきています。その結果として得られた知見は、私たちの日常生活に重要な影響を与えることになるでしょう。大脳皮質の基本的事項を理解するだけでなく、自分が探索型と活用型の間のスペクトラム上のどの位置にいるのかを認識し、それに従って行動をすることが大切です。たとえば、予算書のバランスを取る必要があるのであれば、活用型の状態にあるときに行うのがよいでしょう。しかし、新会社のクリエイティブなネーミングを考えるなら、探索型の状態にあるときが最も効果的かもしれません。

これらの状態やその間の綱引きは、外界との相互作用を導くだけでなく、私たちの内なる心的な生活にも関係しています。私たちの心的な生活の内側と外側の類似性を示す科学的研究や、仏教の教えに沿うと、内側と外側の間に本当の区別はなく、境界は恣意的に見えるということになります。鈴木俊隆がその優れた著書『禅マインド ビギナーズ・マインド』で述べているように、私たちの内と外の世界の間には、壁というよりも回転ドアのようなものがあるのです。より科学的な観点から言えば、外界は私たち自身の内界で知覚され、表現され、存在しているのですから、両者は別個のものではありません。外界に対する気質と同じように、私たちの内側の思考パターンもまた、探索的な開放的で間口が広い状態から、活用的な状態である閉鎖的で間口が狭い状態へと変化することがあります。ある思考や問題に集中することもあれば、ある話題から別の話題へと連想的に歩き回ることもあります。忙しいタスクに追われていないとき、つまりマインドワンダリングが起きているときに脳が行っていることの多くは、計画を立てたり、「もしものとき」のシミュレーションを行ったりすることです。その結果、次の状況に対処するための台本ができあがるのです。探索的な思考パターンであればあるほど、そのシミュレーションはより幅広く、より強烈なものになることが予想されます。探索的な心は創造的な心ですが、必要なのはそれだけではありません。集中するときは雑念から心を閉ざす必要があり、しかし予想もしないような新しい出来事には心を開いておく必要があります。集中しながらも心を開くというのは、絶妙なバランスで成り立ちます。ルイ・パスツールは、「幸運は用意された心のみに宿る」と言いました。偶然の出会いに気づくための準備が最も整っているのは探索型の状態であり、その創造的な出会いを追求するために必要なのは活用型の状態です。

この重要な緊張をどのように利用すれば、パフォーマンスと幸福感を最適化できるのか、さらなる研究が必要でしょう。しかし、日常生活を向上させるだけでなく、一般的な精神疾患への影響もあります。ここでは2つ紹介します。

先に述べたように、うつ病や不安神経症など、ほとんどの種類の気分障害の特徴は反芻的思考パターンです。反芻は周期的で、狭いテーマに限定され、止めるのが難しいものです。創造的で生産的であるためには、心は広く連想する必要があります。しかし、うつ病や不安神経症の人の心はその逆であることが多いのです。そのため、大うつ病性障害や不安障害の方は精神活動のほとんどを活用型の状態で過ごします。反芻はリソースを要求する作業のようなもので、そのため心に負荷をかけ、心の余裕を奪ってしまうのです。

一方、ＡＤＨＤの人は置かれた環境下において究極の探検家であり、ほとんどすべてのことに気づきながら、ほとんど何もしない人ということができます。このような人は、留まる能力を多少向上させることで恩恵を受けることができるかもしれません。また、反芻的な心を持つ人は、より広い範囲で連想することで恩恵を受けることができるかもしれません。これは私の研究室における現在の研究テーマであり、気分を向上させ、脳内のこの中心的な緊張をより正確に理解するために、探索型と活用型のバランスを調整するものです。しかし、このような多様な心のそれぞれの長所や性質を理解することで、人生をよりよく生きることができるということは、すでに提案されていることなのです。

心の状態の中身

心の状態がどのように作られるかを説明することはまだ完全にはできませんが、説明にはさまざまなレベルがあることを念頭に置いておくことが重要です。分子、特にメッセンジャーである神経伝達物質を最も低いレベルとして見ることもできますし、もう一方の行動や心的な出来事をこの説明のレベルの最も高いところであると見ることもできるでしょう。その狭間に、神経細胞、回路、生理的活性化などの神経科学的な中間的な説明があると考えることができます。

心の状態は何によって決まるのでしょうか。文脈、目標、歴史など、多くの要因があります。心の状態は、悲惨な交通事故を目撃したり、素晴らしいニュースを受け取ったりといった外的なきっかけで決まることもあれば、思考や身体感覚といった内的な出来事によって決まることもあります。心の状態は脳内のトップダウン処理とボトムアップ処理のバランスによって決定される、というものです。

トップダウン処理とボトムアップ処理の大脳皮質的な意味については、先に詳しく説明しましたが、ここで再び直感的な言葉で説明しておきます。トップダウン処理とは、過去の経験、記憶、文脈、目標、予測に依存することで、これらの蓄積された知識を蓄えている皮質の高いレベルから流れ落ちることで、知覚に先行して形成されます。一方、ボトムアップ処理とは、大脳皮質の高次の領域から促進される（ときに歪められる）ことなく、感覚器官からの直接の入力を伝えるもので、環境から知覚される物理的刺激に対する大脳皮質の反応だけで構成されます。ほとんどの知覚、認知、感情、行動において、私たちの脳はトップダウンとボトムアップの両方の影響をさまざまな程度に組み合わせて動作しています。

しかし、その両極端を考えることは有益だと思います。脳内の処理が完全にトップダウンで行われ、ボトムアップの信号がまったく重視されないのはどんな場合でしょうか。夢はその一例で、ボトムアップの影響を与える感覚的な入力がありません（もちろん、常に例外はあるのですが）。白昼夢も、ほとんどトップダウンに近いですが、完全なトップダウンではありません。もう1つの例は心的イメージ過程です。目を閉じて、自分の部屋の家具の配置を想像したり、青い髪に明るい黄色の服を着た友人を想像するように言われたら、トップダウンの処理のみに基づいて行い、ボトムアップの情報はないことになります（興味深いことに、『アファンタジア』、つまり、しばしば私たちを迷わせる原因でもある心的イメージを経験できない人は、より現在に集中し、マインドワンダリングの経験が少ないと報告されています[3]）。

もう一方の極端な例としては、トップダウンのシグナルを重視せずボトムアップのみを行う真のマインドフルネスが挙げられます。理論的には、十分な練習を積んで、最高水準の完全なマインドフルネスであれば、「完璧な」瞑想において、トップダウンのプロセスはオフになります。瞑想は、時間や空間の別の場所に心を連れ去ってしまうトップダウンのプロセスの関与を減少させることで、まさに現在に感謝し、懸念、目標、判断、期待に邪魔されず、目の前の木の上の鳥を見て楽しむことができるようにするものだと私は考えています。

広く開放的な状態で注意のスポットライトを当てて環境を観察するか、集中して覗き穴から観察するか、リスクを取るか、慣れ親しんだものに固執するか、幅広い連想で創造的に考えるか、同じテーマを反芻するか、楽しいか悲しいかは、すべて脳内のトップダウンとボトムアップのプロセスの現在のバランス、感覚から入ってくるものと内側から流れてくるもののどちらにより重きを置くかで決まります。このバランスのどこにいるかによって、すべての次元を一度にどのように知覚し、処理し、感じるかが決まります。しかし、ここで使われている言葉に惑わされて、自分の心の状態を完璧にコントロールできているように思ってはいけません。そのほとんどは自動的なもので、意識や自発的なコントロールの範囲外です。環境からの外的な合図や、内部の信号や思考によって引き起こされます。しかし、それにもかかわらず、私たちは心の状態に何らかの影響を及ぼしており、それを理解することで、自分の心の状態に対する発言力を高めることができます。

状態の変化

心の状態は運命ではありません。意図的であろうとなかろうと、変えることはできるのです。多くの点で、心の状態を変えることは、心理学の概念であるリフレーミングに似ています。同じ状況をさまざまな方法で見ることができ、どのように見るかを選択（または受け入れる）することで、その状況に対する私たちの態度全体に影響を与えることができるのです。たとえば就職のための面接を受けている場合、自分が面接をしている場合、あるいは初デートである場合、それぞれの場合に会っている初対面の人に対してどのように感じ、どのように振る舞うかを想像してみてください。心の状態は、行動だけでなく、知覚にも影響を及ぼします。時間の経過のような基本的な知覚でさえ、速さは常に同じであることは分かっていながらも、退屈していたり、苦しんでいたりすれば、主観的には遅く感じられ、爽快であれば早く過ぎると知覚されることがあります。

心の状態は、実験室で行う心の状態の誘導実験のように、自発的に変化させることができる場合があります。気分、思考の幅、注意の範囲、大局的な知覚と局所的な知覚、探索型の状態と活用型の状態などを変えることができるのです。重要なのは、これらの異なる次元がすべて連動しているため、1つを変えると他の次元もそれに応じて変化することです。もし、ある人をより幸福にすれば、その人はより広く、連想的に考え、より大局的に、より広い注意範囲で環境を知覚し、より不確実性に寛容になるでしょう。また、ある人をより広く連想的に考えるようにすることができれば、その人の気分も良くなるといった具合です。それらが結びついていることで、ある性質を変えるのは難しいが、それに連なる別の性質を通して間接的にアクセスできるような場合に、有利に利用できるかもしれません。同じ状態への入り口が複数あるようなものです。クリエイティブになれと言うのは無理な話ですが、気分を良くすることで、連想や創造性に良い影響を与えることは可能なのです。

心の状態を把握する方法を知っておくことで、状態ごとの活動を最適化することができます。これは別の領域の例ですが、睡眠時間が短いと日中イライラしやすい（イライラさせられる）ことがあります。その状態を認識したら、人との関わりを最小限にし、メールを書くのも最小限にするよう、はっきりと自分に言い聞かせています。これは、お店で流れている陽気な音楽に影響されて、ついつい買いすぎてしまうのを防ぐのと同じです。心の状態とその操作は、より良いパフォーマンスのために利用することもできます。幸せな気分のときは、じっとしていることができないので、納税申告の作業には向いていないといえます（いつなら向いているかは分かりませんが）。しかし、問題に対して型にはまらない解決策を思いつくには最適な状態です。一日のうちで最も集中できるのは午前中であるのと同じように、新しい領域を不安なく探索するのに最適な状態は、広く連想される思考状態であることを知っておいてください。

心の状態に関するもう一つの興味深い点は、記憶と心的シミュレーションの制約事項に関連しています。ある状態においては、別の状態を想像する能力が驚くほど制限されるのです。うつ病にかかった人は、惨めな気持ちになり、自分の気分が良くなったことを想像できないことが多くあります。昨日、気分が良かったときのことを想像してもらうと、本当に何も思い浮かばないという光景に出くわすことになります。落ち込んだ心の状態は、他の状態の記憶を取り去ってしまうほど、心を巻き込んでしまうのです。同様に、気分が良くなる未来を想像することも不可能になります。また、逆方向にも作用します。晴れた日に目が覚めたとき、ふと、夜中に長い時間、些細なことで悩んでいたことを思い出すと、どうしてそんな無意味なことが自分を深く苦しめていたのか、理解できなかったりします。しかし、その中にいるときは、すべてが現実的で、実在する、心配なことに思えたのです。しかし、その状態から抜け出したとき、その思いの強さを追体験することができなくなります。

この追体験ができない、または単純に感じることができないという問題は、私たちの日常生活や幸福感について、もっと深いことを説明することができます。今この瞬間にいること、現在を経験することを促す仏教の教えの中においては、私たちは通常、過去にいることは私たちにとって良いことではないことだと再確認させられます。それは記憶、つまり過去の体験の記憶に基づくものですが、記憶は経験ではありません。ある経験の記憶を再活性化しても、それは記憶であって、実際の感覚や、それが起こったときに呼び起こした感情をすべて備えた経験そのものではありません。それは、色や味、音のほとんどを含まず、その過去が存在したときに経験した感情の深みもない、経験の浅い表現なのです。この議論が示唆するのは、記憶された体験が起こったときに感じたことを再現できない理由の少なくとも一部は、今感じていることと当時感じていたこと、記憶された状態と現在の状態が衝突しているためであるということです。この2つは、同じ大脳皮質の領域を奪い合うため、同時に保持することができないのです。知覚の分野では、有名な妻と義母の錯視[4]のように、ある瞬間に1つの知覚しか保持できない、多義図形と双安定性知覚という概念があります。これは、2つの状態を心に留めておくことも同様です。あなたはここにもあそこにもいられるのですが、一度に両方を経験することはできません。現在の状態や感情が支配的で、記憶から呼び起こされるものは、スクリーン上の絵のように、より縮小された、より実感の乏しいものに限定されます。

私たちが、同じ心の中に相反する2つの見解を保持する必要性と能力を示す例は、他にもあります。ブレーズ・パスカルは『パンセ』の中で、自分がそこから引き出されてきた虚無も、彼がその中へ呑み込まれている無限をも等しくみることができないと述べています。若い二人の両親のもとで育った私は、矛盾に満ちた祝福を受けたようなものでした。彼らは、自分は何でもできる、この世で目指すものは何でも達成できると思わせることもあれば、謙虚とは何かを学ぶべき敗者のように思わせることもありました。かなり混乱しましたが、結局、私の人生において役に立つツールになりました。そして、この信条は、彼らの知らないところで、すでにハシディック・ユダヤ人たちによって説かれていたことが判明しました。ラビ・ブナムは弟子たちに「1人2枚のメモを持ち歩け」と言ったと言われています。1つは「世界は私のために創られた」というメモ、もう1つは「私は土と灰に過ぎない」というメモです。

もちろん、どちらも単独では機能しません。私たちは、常に自分のために世界が作られたと思いながらこの人生を歩むことはできませんし、常に自分のことを「灰」だと思うこともできません。だから、私たちは自分自身を見る方法を2つ持ち、その2つの間を行き来しながら生きています。文脈やニーズ、その時々の気分によって、どちらか一方を強く感じることもあります。しかし、私たちは、まるで多義図形のように、あるいは心の状態を交互に変えるように、両方のメモを持ち続けているのです。

心が広く開かれた状態対閉じられた状態

心の状態は、一連の傾向や性質が結びついたパッケージであることが明らかになりました。創造的であること、幅広く連想すること、ポジティブな気分であること、大局的に世界に目を向け、知覚すること、より探索的で好奇心が強いこと、スリルを求めること、トップダウンプロセスからの影響を受けにくいこと、これらはすべて密接に関連しています。これを広い（あるいは解放された）心の状態と呼んでいます。一方、狭い（あるいは閉鎖的な）心の状態では、集中力が高く、連想力が低く、環境の局所的な要素に分析的に取り組み、活用型で、繰り返し作業を好み、記憶に依存し、新奇性や不確実性を避けます。

（DNAの構造を解明し、ジェームズ・ワトソンとともにノーベル賞を受賞した故フランシス・クリックが、「読書は心を腐らせる」と言ったのを聞いたことがあります。ディナーに同席した多くの人はこの言葉に戸惑ったようですが、私は即座にこの言葉に共感しました。私は、自分にとって未知の領域で新しい研究プロジェクトを始めるとき、自分の思考が新鮮なままで影響を受けないように、そのテーマに関する既存の文献を読まないことにしています。もちろん後で読むのですが、人々が以前に言ったすでにその分野を支配している古いパターンにあてはめて、自分の思考を形成してしまわないようにするためです。通常はうまく作用するのです。心の開放状態と閉鎖状態に関して私と同じような考えが、何らかの形で以前から提起されていたことを後から知ったのですが、これは意外な方向からもたらされたものでした。それはモンティ・パイソンのリーダーであり、コミカルでありながら頭脳的な素晴らしい作品を数多く生み出してきたジョン・クリーズです。ちなみに、彼の作品である『フォルティ・タワーズ』を祖父と一緒に見ながら涙を流して笑った瞬間を一生大切にしたいと思っています。）

このように心の状態が大きく異なると、視点も大きく異なってきます。たとえば確実性についてです。同じ不確実性でも、狭い心の状態であれば活用型の状態で慣れ親しんだものを好むため不安が生まれ、広い心の状態であれば探索型の状態であるためスリルが生まれます。バラナシ（インド北部の都市）で知らない名前の屋台料理を食べたとき、どれほど興奮したことでしょうか。また、テルアビブやボストンのレストランで、使われている食材がほとんど、もしくはすべてわからないものだとしたら、どれほど注文したくないことか。心の状態によって体験はまったく異なるのです。

心の状態には良い悪いはありません。心の状態は、広い状態と狭い状態でそれぞれ異なる心的な強調を意味し、それぞれが異なる状況に適しています。学びたい、好奇心を持ちたい、探求したい、創造したいと思うのであれば、広い状態が向いています。しかし、目標を達成したい、広い状態で思いついたアイデアを本格的に追求したい、集中したい、安全でありたい、確実さがほしいと思うなら、狭い状態が必要でしょう。幸いなことに、私たちはこれらの極端な状態のどちらかになることはほとんどありません。

私たちは日々、この二極の間を行き来しながら、心の状態をダイナミックに変化させています。そして、この二極の状態のどこが自分にとって都合がいいかは、状況によって異なります。心の状態がダイナミックであることの良い点は、私たちの心がこの連続体に沿って流動的であることであり、私たちには自分の望む方向に心を動かすためのさまざまな方法があることです。実際、意識的に気分を高揚させ、好きな音楽をかけたりすれば、探索型の心の状態に近づくことができます。私

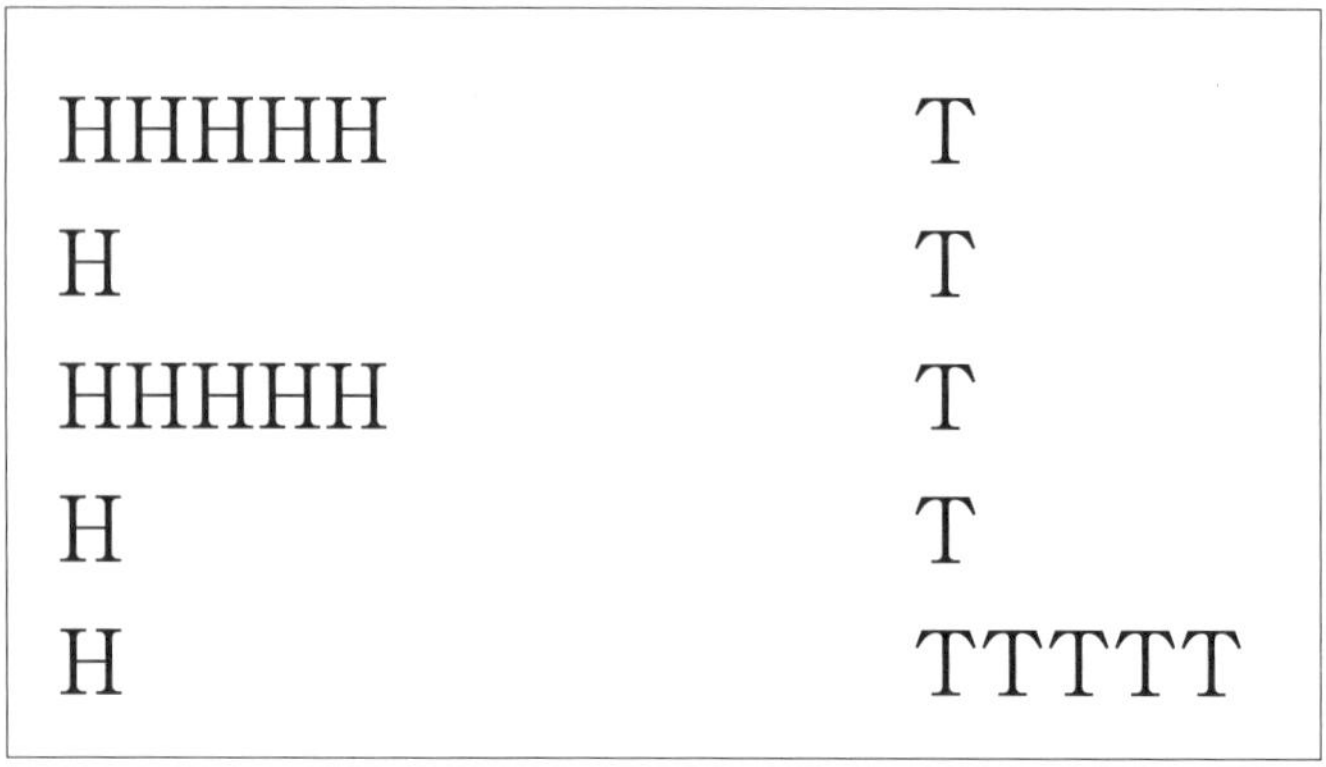

HHHHH	T
H	T
HHHHH	T
H	T
H	TTTTT

の研究室では、上図（心理学者のデビッド・ネイボンが考案した「ネイボン図形」）を人々に見せ、小さな寄り集まった文字（HとT）とそれらが形成する大きな文字（FとL）に注目してもらうだけで、心の状態を狭くしたり広くしたりでき、気分もそれに従うことを発見したのです。同様に、先ほど述べたように、広く広がる単語と狭く関連する単語のリストで、思考の幅を変え、それによって気分を変えることもできます（お祭しの通り、そのためのアプリがもうすぐ登場することでしょう）。

私たちは皆、心の状態が急速に変化することを経験しています。私にとって瞑想リトリートでの最も深い経験は、脳を深くマインドフルな状態にしようと懸命に努力しても、またすぐに抜け出してしまうことでした。このような急激な変化は、私たちにも起こりうることなのです。たとえば、友人と楽しく笑っていたのに、その日の早い時間に締め切りが設けられていたはずの上司への報告書提出を忘れていたことに突然気づいたり、大好きな番組を見ているときに、ひどい体験の記憶が頭をよぎり、反芻し始めたといった形になるかもしれません。ゴングが鳴るように、メールの音は私たちを集中した状態から引き離し、頭の中の関連性のある網の目のなかから心を送り出します。この流動性が厄介なのです。しかし、これは素晴らしい贈り物でもあるのです。

私は、この包括的な心の状態について気づくことの意味合いを何年もかけて探求し続けるつもりですし、この分野のより多くの同僚がこの探求に加わってくれることを望んでいます。今のところ、広く連想的なマインドワンダリングに時間を割いたり、ランニングをしたりすることが、心の状態を大きく変化させることができたという私個人の発見を人々に伝えているのですが、伝えられた人は日々の課題に取り組めるようになっています。また、あまり知られていないことですが、慣れない環境で問題に取り組むことは、より探索的で創造的な思考を引き起こす良い方法かもしれません。私はよく、自分の心の状態を変えようとするのではなく、それを利用することを勧めています。たとえば、気分が落ち込んでいるときは、先延ばしにしていた平凡な仕事を片付けることに集中するのに良い機会でしょう。しかし、広く開放的な心の状態のときは、その気分を生かすために、明るく、探索的な活動をしたり、新しいアイデアを思いつくために、心を解放したりします。また、自然発生的なマインドワンダリングを尊重するようになり、罪悪感を感じないようになりました。しかし、もし私のマインドワンダリングが反芻のパターンになったときは、その呪縛を解くために何かをすることができるようになりました。時間の経過とともに、心の状態をチェックすることが自然にできるようになりました。今では、どんな体験でも、思い出したときに自分の精神状態を意識的に観察し、体験している自分を観察したいのか、それともできる限り体験に没頭したいのかを選んでいます。

自然な没頭を促す条件がわかっているところですが、心理学的、神経科学的な研究はまだ始まったばかりです。しかし、私たちが「オンデマンドで」自発的に没頭できることは確かです。私が好きな意識的な没頭体験は子供とするものです。もちろん、一日中、自分の心の状態を診断することに追われるわけにはいきません。しかし、もっと頻繁にするように自分に言い聞かせることはできます。そして、そうすることが、人生をより豊かにすることにつながるのです。

負荷がかかった心はクリエイティブになれない

私たちの心は、当然ながら、一度にできることに限りがあります（また、記憶できる情報の量や、情報を処理するスピードにも限界があります）。マルチタスクは大いなる神話に過ぎませんが、複数の情報を同時に処理することは、脳のプロセスと私たちの精神的余裕に負荷をかけることになります。たとえば単語のリストを記憶しておく必要がある場合、その間に新しい情報を取り入れるためのリソースはほとんどありません。また、泣いている2人の幼児を連れてスーパーマーケットの通路を歩くと、棚にある新しい商品を探したり、それに気づくことさえできません。美術館で香水の匂いがきつい人がいたら、目の前の芸術を心から楽しむことは難しいでしょう。

私たちの頭は常に何かに追われていて、残されたリソースで仕事をすることに慣れてしまっているのだから仕方がないといえます。バックパックを背負ってハイキングするように、私たちが前に進むとき、荷物は通常、私たちを止めることはありませんが、私たちに負担をかけ、時には制限することもあります。その荷物は軽かったり重かったりするもので、それに応じて歩みに影響を与えますが、私たちはその荷物を背景に持ちながら前進します。背景となる心的プロセスは、意識するかしないかにかかわらず、私たちの心的能力のかなりの部分を占めています。たとえばエアコンが停止するとホッとするように、バックグラウンドのプロセスが止まったり消えたりして初めて、私たちはその存在や負荷に気づきます。

したがって、バックグラウンド・プロセスは、単なる迷惑な存在ではありません。たとえば、ずっと気になっていた、でもあきらめざるを得なかったパズルを解こうとする「無意識下という舞台裏で行われる行為」もありますが、こうした負荷のかかるバックグラウンドの出来事は、心の状態、認知パフォーマンス、創造性や問題解決能力、私生活の楽しみ方、そして気分にまで劇的に影響します。

以前紹介した関連する実験について、ここでも再確認しておきましょう。実験参加者に、長い数字列か短い数字列のどちらかを頭に浮かべながら自由連想課題に参加してもらうと、負荷が低い場合（「26」などの短い数字列）は、負荷が高い場合（「4782941」などの長い数字列）に比べ、その反応は著しく創造的で独創的です。たとえば、この参加者に自由に連想させる必要のある単語として「靴底」を与えた場合、負荷が高い条件の参加者は通常「靴」と答えるのに対し、負荷が低い条件の参加者は「チューインガム」を回答として提供することになります。この結果は、実験室の外では、私たちは自由な発想でよりクリエイティブになることを示唆しています。

興味深いことに、心に負荷がかかると美しさを鑑賞する能力も低下します。美の鑑賞には注意が必要であり、注意を払えば払うほど、より多くの美を見ることができるのです（同じように、痛みを感じるためには注意が必要であり、そのため、痛みに対処する必要があるときには、注意力が散漫になることが幸運になる、と主張する人もいるかもしれません。それは真実かもしれませんが、私は科学的な根拠を知りません。私は、痛みは美しさや喜びとは異なり、生存の要因から優先され、その結果より強く注意を喚起するのであり、このためぼんやりした心で痛みをやり過ごすのは、美しさに直面しているときよりも残念ながら難しいのではと考えています）。同じ彫刻でも、私たちの内面にあるものによって、より美しく見えたり、そうでなく見えたりします。忙しさにかまけて、多くの美しさを無駄にしてきたのです。

私たちの日常生活には、食料品リストや電話番号のリハーサル以外に、どのような心的負荷があるのでしょうか。私たちの多くが自覚している以上に重要なものがあります。ひとつはマインドワンダリングです。私たちの心は何もすることがないときにマインドワンダリングを起こすだけでなく、特定のタスクに取り組んでいるときでも、利用可能なリソースは何でも利用しようとします。あなたがすること、考えること、認識することはすべて分断され、部分的にしか注目や評価をされないのです。マインドワンダリングは計画やシミュレーションに基づく意思決定の多くを促進しますが、その過程で、私たちの周りで起こっていることからリソースを吸い取ってしまいます。

同様に、臨床的な状態（うつ病や不安症）でも、健康な状態でも、反芻が起こります。これらの反復的、循環的な思考は、激しく、継続的です。しかし、反芻のために別の資源を使用しているわけではなく、生活の中で体験するために必要な資源とまったく同じものを使用しているのです。反芻はマインドワンダリングと同様、私たちの体験に対する税金といえます。

私たちは、このようなマインドワンダリングや反芻という背景で激しく活動するプロセスが、現在の経験に与える影響に加えて、創造性を発揮する能力も奪ってしまうことを理解しました。これらの次元はすべて包括的な心の状態を通して結びついているので、この発見をさらに一歩進めて、認知負荷は私たちが心の状態の連続体のどこにいるかを操作するためのもう一つの手段であると考えることができます。心の状態に負荷がかかると創造性が低下し、それに伴い、閉じた狭い心の状態、狭い（局所的な）知覚と注意、狭い思考、あまりポジティブではない気分、そして全体的に活用型の状態になることを意味します。持続的な反芻が重い負荷となり、うつ病患者は創造性を発揮しにくくなるのです。一方、認知負荷を減らすと創造性が高まるため、探索的になり、知覚や精神の範囲が広がり、気分も改善されるのです。

私たちは背景となる心のノイズを減らすために「思考を減らす」ことを望んでいますが、心は常に私たちのために新しい思考を生み出しているようです。これは、私たちが常に何かに追われていたいと思っていることを彷彿とさせます。バートランド・ラッセルは、その壮大で不朽の名著『怠惰への讃歌』の中で、怠惰であることの歴史と利点を詳しく述べています。しかし、ほとんどの人間は、常に忙しくしているように努力しており、座っていられません。芝生を刈ったり、車を洗ったり、忙しさを維持し、生産性を感じられるような活動を作り上げたりして、絶対に忙しくしなければならないのです。１９３０年、経済学者のジョン・メイナード・ケインズは『孫世代のための経済的可能性』の中で、もうそろそろ1日3時間しか働かずにすべての欲求を満たすようになるだろうと予想しました。テクノロジーは非常に進歩し、効率的であるため、私たちはもっと自由に、好きなことをする時間を持つことができるでしょう。しかし、私たちは今、かつてないほど懸命に働いています。私たちは内面も外面も忙しく、活動が日々を埋め尽くしているように、思考が心を埋め尽くしているのです。

昨日の夕方、私は小さなニリを連れてビーチに行きました。日没の1時間前、季節の変わり目だったので他の人はほとんどおらず、穏やかな海と心地よい風が地中海の新鮮な匂いを運んできて、私と娘だけがスキップして笑っていました。これ以上の楽園はないと思っています。でも、それを写真撮影に変えて、ニリにポーズをとってもらい、何十枚も写真を撮って、ほぼリアルタイムで家族に送ることになってしまいました。そして、海岸で貝殻を集め始めました。せっかくの楽園気分を台無しにしない出来事のように扱いながら、です。2、3個では足りず、箱を探しに行かなければならなくなりました。そして今度はそれがプロジェクトとなり、ほとんど仕事と化しました。私たちは海も太陽も楽園も忘れてしまったのです。あの最初の完璧さの何がいけなくて、リラックスした喜びを活動で満たさなければならなかったのでしょうか。

同じように、私たちの脳は無意味なことを考え続けることができるのでした。しかし、「考えすぎない」というのは、「何も考えない」という意味ではありません。創造性は複雑なものです。一方では、ノイズを排除して、新しいものを生み出すという行為に使えるリソースをすべて確保する必要があります。また一方では、探索と発見をするために、連想の活性化と、記憶の中の複数の意味的分岐を心の内で覆い隠すことが必要になります。創造性についての一つの神話として、持っているか持っていないか、という生まれつきの才能であるというものがあります。しかし、創造性は学び、訓練し、最大限に引き出すことができるという証拠が、何度も何度も出てきているのです。もちろん、創造的な考え方を練習したり、心の雑音を消したりして、レオナルド・ダ・ヴィンチのようになることはできません。しかし、創造性は、心の状態とともに移り変わりながら、同じ個人の中で大きく向上させることができるのです。

ここまででわかったことは、心的な負荷やストレス、反芻を減らすことが、創造力を増幅させるための強力な手段のひとつであるということでした。しかし、この文脈で同様に重要な点は、創造的であることは私たちのデフォルトの状態であり、それは探索型で好奇心が強いことと同じで、私たちは生まれつきそうであるということです。マインドワンダリングは、時間の無駄になることもあれば、創造性や探究心の泉になることもあり、それはすべて私たちの心の状態次第なのです。

創造性と好奇心

創造性と好奇心は同じ存在の表裏として捉えることができます。創造性とは、新規性があり、何らかの形で役に立つものを生み出すことです。好奇心では、情報を収集することを意図して注意を向けます（広く受け入れられている、正式な定義はありません。これは今のところその必要がないからです）。創造性とは、アイデアや解決策、思考を生み出し、それを世の中に発信していくプロセスのようなものです。これは必ずしも言語化されたものでも、明示されたものでもなく、行動するためのものなど、何らかの「外への」関連性を持って私たちが生成するものです。一方、「好奇心」は

「受け取る」行為です。私たちは世界を消費し、内的な目的のために情報を取り込みます。一方は内向きで他方は外向きですが、両者は重なり合うメカニズムによって媒介されているため、同期しています。創造性の高い人は好奇心が旺盛であり、その逆もまた然りです。どちらも情報を求める動機に基づいています。好奇心ではそれが明確であり、創造性では情報に対する動機は、私たちのニューロンが独創的な解決策を求めるために遠くまで行くという、より比喩的なものになります。創造性と好奇心は、思考の負荷と自由によって同じような影響を受けます。心の余裕は両者にとって重要であり、思考と知覚の幅が広いことは両者に資するものです。心の状態についてのいいニュースとしては、創造性と好奇心のある状態であることがデフォルトであるとされているということが挙げられます。しかし、心の状態についてのあまりよくないニュースとして、私たちの生活は、私たち自身の暗黙の了解のもと、このデフォルトの特性を定期的に妨害しているということが挙げられるでしょう。

心の雑念を取り除き、背景の思考を消し、重要なことに集中するという問題から、今度は創造性と好奇心の文脈で、思考を観察するという問題に戻ってきました。私たちが完全に意識し、時にはある程度コントロールすることができる意識の流れのような思考とは異なり、創造的なプロセスや何かに好奇心を抱いている状態では、心の中で何が起こっているのかを知ることはできません。どちらも、私たちの意識レベルより低いところにあるのです。私たちは、「なるほど！」と思うような洞察を得る前に、何が起こっているのかをあまり知ることができません。私たちは望む限り、その根底にある萌芽を観察しようと試みることはできますが、設計上、私たちの意識から隠されているため、それはできないでしょう。だから、すべての思考が観察できるわけではありません。私たちが自分の創作過程を後から語るのは難しいものです。そしてそれは、私たちだけではありません。最近、私が大ファンである、最もクリエイティブな映画監督の一人のインタビューを見たのですが、彼の映画の特徴である独創的で奇抜なアイデアはどのようにして生まれるのか、と尋ねられました。悲しいことに創造的なアイデアが浮かぶまでの心境について、何か洞察力のあることを言おうと必死になっているようでしたが、無駄だったようです。それもそのはず、その過程は私たちに明かされていないため、まだ説明したいという勇ましい思いだけが残るのです。

抑制と心の進歩

建設的なマインドワンダリング、創造的な心、そして幸せな気分は、すべて同じ一つの特徴、つまり『心の進行のしやすさ』に依存しています。私たちの思考は、広く、遠くへ、そして速く進む必要があり、その結果、私たちの心がカバーする意味領域の広さが最大になります。これは、反芻的な思考とは正反対です。私たちは、心の動きを効率的にしたいのです。スムーズであればあるほどいいのですが、それ以上に、私たちの思考プロセスを閉じ込める必要があるのです。そこで登場するのが抑制です。

私たち認知神経科学者の多くにとって、抑制よりも脳の興奮について考える方が直感的です。脳の活動は、ニューロン、回路、表現、概念、言葉、数字、感情、運動、思考、これらの興奮によって達成されます。興奮は活性化と同じように聞こえますが、抑制は抵抗、減衰、減少という印象を与え、あまり興奮しません。しかし、実は、抑制は興奮と同じくらい重要で建設的なものなのであり、刈り込み、制限、調節のための力なのです。大切なのは興奮と抑制のバランスなのです。ここで一つの例を挙げましょう。

一生の間に、私たちはこの世界で多くの関連性を学んでいきます。枕はベッドの上にあるのが普通であること、喫煙は健康に良くないこと、蛇は危険であること、ブドウからワインが作られること、コーヒーにはたいていミルクが付いていること、椅子があるところにはたいていテーブルがあること、などです。脳はこのような統計的な規則性を拾い上げ、それを今挙げたような形で表現するのです。つまり、椅子はテーブルと、枕はベッドと、ヘッドホンは頭と、それぞれつながっているわけですが、これらのつながりは確率的なものなのです。すべてのベッドに枕があるわけではなく、おそらく遭遇したうちの85％しかないといった具合です。このような共起の確率は、脳内での接続の強さを決定し、接続の強さは共起の可能性を決定します。これらの共活性化は、その場面で遭遇することが予想されることです。たとえば、これからキッチンに行くというとき、流し台とコンロは非常に高い確率で、コーヒーメーカーは低い確率で、ワッフルメーカーはさらに低い確率で（それでも可能性はありますが）目に入ると予想されます。しかし、今までの経験で予想もしなかったもの、たとえば刀のようなものは、驚かせるだけでなく、混乱させるでしょう。混乱や、より一般的に言えば驚きは、学習や特定の文脈で何が可能かについての表現の更新につながります。そして次の機会にキッチンで刀を見たときには、驚きは少なくなるでしょう。

では、その連想するものを考えてみましょう。枕はベッドを連想させ、ベッドはリネンを、リネンは綿を、綿は綿畑を、そしてあなたにとっての綿畑はクリーデンス・クリアウォーター・リヴァイヴァル（CCR）を連想させることになります（訳者注：コットン・フィールズはアメリカのバンドCCRの名曲）。枕を見るたびにクリーデンス・クリアウォーター・リヴァイヴァルのことを考えたくはないでしょう。特定の文脈では関連性がなく、この余計な活性化のために無駄に神経細胞のエネルギーを消費し、関連性がないのに関連性を探すように誤解させることになります。あまりに遠く、無関係な連想を活性化させないように、何かが脳に伝える必要があります。その何かが抑制なのです。私たちは、脳が連想しやすいように、しかし過剰に連想しないように、興奮しやすいように、しかし役に立つ程度にしか興奮しないようにと願っています。つまり、環境中の物体を見たとき、脳内では興奮する連想と抑制する連想の間で綱引きが行われ、その結果、通常、関連する連想だけが活性化され、予測としてそこに存在することになるのです。

しかし、これにはいくつかの興味深い例外があります。たとえば、"blow" "stick" "shot" "crush" "bank" "bear" "cut" といった単語を考えてみましょう。これらはすべて、複数の意味を持つ多義語です（"cut" には70種類の意味があるという説もあります）。脳は、このような多義語からどのような連想ができるかを知りません。それは、その単語が持つ特定の意味に依存するからであり、文脈情報によって曖昧さが解消されることが多いからです（我慢してください）。

また、高い抑制が望ましい場合と低い抑制が良い場合を考えるのも興味深いかと思います。秘密を守るには抑制が必要ですし、意図しないことや不適切なことを言わないように自制するのも抑制が必要です。映画の法廷シーンで、証言台で証人が検察官の攻撃を受け、決裂して自白するようなものです。また、私たちの研究センターの貧しい若い教員は、最近、大勢の聴衆の前で初めて講演した際、明らかに緊張して不適切な発言をしてしまい、その結果、全員で職場倫理講習会を開かねばならなくなりました。ストレスは、認知的負荷と同様に抑制に必要な資源を消費します。実際、非常に早く反応しなければならないという時間的プレッシャー（研究室では「反応期限」と呼んでいます）のような心的プレッシャーをかけることは、共通リソースを奪う認知負荷を加えるようなものです。緊張やストレスがかかっている場合、抑制を維持するために必要な資源がストレスや負荷によって消費されてしまうため、抑制が弱まり、記憶検索や行動の選択とのバランスが崩れるため、脇道に逸れやすくなるのです。

一方、特に創造性や好奇心を高めるために、できるだけ抑制しないようにしたい場合もあります。その場合は、距離が遠い連想やつながりを自由に活性化することが望まれます。また、探索型の状態でも抑制されたくないし、好奇心を高く保ちたいでしょう。そのため、脳には抑制のレベルや興奮とのバランス、つまり、それぞれをどの程度適用するかを調整するメカニズムが備わっています。しかし、このバランスはさまざまな状況で崩れることがあります。うつ病、躁状態、睡眠不足、多幸感などは、すべて抑制のレベルが変化することを伴います。アルコールやその他の薬物でも抑制を弱めることができますが、その量は微妙で変化も短期的なものです。

先週末、私は息子のナオルをパーティに迎えに行きました。彼は真面目な男で、兵士であり、一般的にみても父親よりも冷静さと自制心があります。車に乗り込むと、パーティーで飲み過ぎたことが一目瞭然でした。私は、アルコールと無謀な行動について、遅まきながら彼に話しておこうと思ったのですが、彼が陽気におどけて、後部座席の妹たちを喜ばせている様子に驚き、口を挟むのをやめました。抑制が少ないことは、それが適度であれば機嫌の良さにつながるのです。

直感的に理解できるのは、大人になると、社会が私たちの行動にどんどん抑制を加えていくということです。ビクトリア人がボヘミアンを抑制したというアーネスト・シャハテルの言葉のように、文明的であるだけでなく、創造性も低く、しばしば幸福感も低くなるのだということです。(5)

抑制は脳内のあらゆる場所やプロセスから生じますが、抑制に関連する主要な領域の1つが前頭前皮質です。抑制は脳が行うべき制御やその他の実行的な意思決定、また気分の調節に不可欠です。前頭前野は、人間の脳の中で成熟するのが圧倒的に遅い部位で20代半ば頃に成熟します。精巧な実験をしなくても、また神経科学者でなくても、前頭前野がまだ発達していない子どもは、一般的に創造性が高く、好奇心が強く、抑制的でなく（面と向かって本当のことを言ったり、新しい友人をすぐに作ったり）、衝動的で探索的で、気分がいいことに気付きます。故人で才能豊かなヴィック・チェスナットが『パレード』という曲の中で言っているように「10歳以上の人はみんなしかめっ面をしている」というわけです。

ADHDはここにも関係しています。注意は、制御信号を使って誘導、制限、維持されます。この信号も興奮と抑制の組み合わせで構成されています。視覚に関係する領域にも存在するはずなのですが、そこには居ないという状態にもなるのです。注意の範囲をスポットライトと考えると、スポットライトの内側にあるものは興奮によって増強され、スポットライトの外側にあるものは抑制によって抑制されるのですが、ADHDの場合は抑制が低下しているため、このスポットライトの境界線はそれほど厳密ではなく、瞑想リトリートで教えてもらった「拡散された注意」に近く、その結果、さまざまな幸運がもたらされます。ＡＤＨＤの人は気が散りやすく、集中力がなく、衝動的ですが、同時に創造性が高く、多くの場合に機嫌がよく、好奇心旺盛なのです。

注意を制御・誘導し、適切に刈り込まれた予測を生み出すために必要な要素と同じものが、私たちを創造性、好奇心、探求心を欠いた存在にしているのです。

退屈、怠惰な心、そしてマインドワンダリングする心

もうしばらく生きてきて、十分な自信もついてきたことによって得られた能力として、退屈を感じることがほとんどなくなったということがあります。会議や社交の場など、退屈による疲労を全身で感じるような場面では、立ち上がってその場を離れることにしています。そして、それができないときは自分の心で実験します。

退屈は厄介でありながら非常に謎めいた感情です。退屈な状態は、常に長く、無駄で、役に立たないように感じられます。なぜそんなに耐えられないものなのか、とても興味深いです。私が退屈について本格的に考え始めたのは、初めて1週間の沈黙のリトリートをした直後でした。その前の週のリトリートでは、夕食を待つ間、ベンチに座って長い時間何もせずに落ち着いていられたのに、渋滞に巻き込まれたり、遅い列に並ばされたりすると、自分が自分以外の存在になっていることに気づきました。無為な時間を地獄や天国といったもののように感じさせるのは、文脈や心の状態の違いだけなのでしょうか。それ以上のものがあるはずです。一週間の静寂と瞑想のリトリートでは、

五感が開放されているため、地上のアリを永遠に見つめることができるのです。感覚を研ぎ澄ますと、どこにも行かなくてよくなり、すべてが面白く見えてきます。

リトリートと現実の世界を比較する以外では、無の境地が素晴らしい創造的なアイデアの出発点になることもあれば、心が空っぽになってただ一つの思考だけ残ることもあるのは不思議なことです。「いつになったら終わるんだ、いい加減にしろ」と。退屈なときにそういったことを感じる理由には、せっかちな性格だからといったものから、退屈を感じるのは、通常、人は自分の考えと向き合いたくなく、自分から逃げるためなら何でもするからであるという実存的な説明まで、さまざまな可能性があるようです。ある実験では、人は白い壁の前で静かに座っているよりも、自分に小さな電気ショックを与えたほうがいいとさえ報告されています。[6] 退屈さは心の痛みになるようです。

退屈しているときは、時間がほとんど流れていないように感じますが、これは苦しんでいるときと同じです。何もしていないのに、心がいっぱいいっぱいになっているようで、何もないことを反芻しているような不思議な状態です。さらに、退屈は好奇心や創造性を失わせるのです。創造性を発揮し、好奇心を満たすためには、心が空っぽで、利用可能な状態でなければならないことが分かっています。これは、私たち科学者が遭遇しがちな難問の1つで、新しい理解のための新しい根拠を開いてくれます。つまり、ある種の心の空虚さは創造性と好奇心を育み、ある種の空虚さは我慢できないほどの煩わしさなのです。バートランド・ラッセルが賞賛した「怠惰」は、私たちを退屈させるものではありません。

空虚さの種類を区別することは、思考や内面世界が経験の質に及ぼす影響を理解しようとする私たちの意欲に直接関係しています。[7] 大まかに言えば、何もしないで退屈している状態（この状態に対する耐性のレベルは個人差があります）、何もしないで落ち着いてリラックスしている状態（瞑想リトリートや休暇中のビーチなど）、何もしないで広範囲にマインドワンダリングをして創造的で建設的な思考をしている状態の3つが可能な怠惰の状態です。本当に興味深いのは、ある怠惰の状態はマインドワンダリングを許容し、助長さえするのですが、他の状態では、よく似た状況であっても、心はそれほど狡猾ではなく、「よし、私はここで動けないから、その間に空想したり、何か楽しいことを空想したりしよう」と自分に言い聞かせたりしても、うまくいかないのです。

一見、私たちがマインドワンダリングを好むのは、何か他のやるべきことを犠牲にして、その場から逃避するためだと思われるかもしれません。しかし、正しく説明すると、マインドワンダリングは意識の届かないところでコントロールされているので、リソースが利用可能な場合、マインドワンダリングは必要性と関係なく起きる、ということです。このことは、マインドワンダリングには機能があり、いつ、どこで、何をするかは、私たちの自発的なコントロールによらないという考え方を裏付けています。意識的な判断でマインドワンダリングができないということは、マインドワンダリングを自分の意志で止めることが難しいということでもあります。私たちは、自分の意志でマインドワンダリングを始めることも、止めることもできないのです。

その代わりに私たちにできることは、マインドワンダリングするかしないか、その理由、タイミングといったものをどのように潜在意識が決めているのかを理解することです。マインドフルネス瞑想では、私たちは実際に、間接的に、潜在意識の働きをコントロールしようとします。私たちはマインドワンダリングをやめさせることができるのです。その方法は、強制的にではなく、穏やかに行うというものです。潜在意識は、ある思考について、意識を通して私たちをマインドワンダリングさせますが、私たちはその意識的な思考を受け入れ、先に進みます。その思考と戦うのではなく、受け入れて観察するのです。ラベリングでも何でもよいのですが、私たちがそれを手放した後、潜在意識は次の思考を送り、同じことが起こります。つまり、心を空っぽにするということは、潜在意識を空っぽにして、潜在意識からマインドワンダリングが起きることがなくなるようにすることなのです。反対に、新しいアイデアを求めたり、退屈な状況を変えるために心的な娯楽を求めたりするときは、自分の意志でマインドワンダリングを起こすことができます。

心の習慣

行動の習慣が「しぶとい」のと同じように、心の習慣も「しぶとい」のです。習慣は諸刃の剣です。進化によって私たちに備わった巧妙なメカニズムという側面があり、相互作用を自動化することで、時間を節約し、よりよく生き残るために役立ちます。初めて何かを学んだら、何度も何度もやり直し、失敗から学び、自分にとって最適な方法を学び、ある時点で完璧なものにします。すると脳は、このスキルや習慣を、最初は一歩一歩熟考し注意を払う必要があった意識から、より自動的な潜在意識に委ねるようになります。このスキルは現在、自動化と呼ばれています。これは、心の自動操縦のような習慣で、新しい経験を得るなど、他のことに心を解放することができます。

あなたが学び、実践し、その後自動化の仕組みに委託するようなことは、たとえば、オムレツの作り方や車の運転方法、危険な状況を認識する方法、退屈な集まりからの逃げ道を計画する方法などになります。また、結論に「ジャンプ」することを助けることもできます。運転方法を自動操縦するということは、安全に運転するために必要な身体的、注意的な操作について考えないということです。あなたがただそれをこなしているということは、私たちが毎日の通勤にかかる長い時間を忘れてしまいがちである理由を示しています。つまり、我々の心はそのプロセスに参加しておらず、潜在意識がバックグラウンドで行っているために注意を払わず、マインドワンダリングを起こしてしまうからです。心のオートパイロットは、同様に、意識的にあまり考えずに心で操作を行うことを意味します。これに似た例として、掛け算表から簡単な掛け算を解くことがあります。幼い頃、先生が「8×9はいくらか」と聞くと、一生懸命答えなければならなかったのは、実際に計算してみたからです。それが、だんだんと自動応答になります。何も考えずとも72と答えられてしまうのです。これは潜在意識に委ねるということではなく、自分の経験に基づいて最終的な答えに直接たどり着くための連想的な心のショートカットです。子供の頃に答えに導いていた神経経路が、直接的な接続に置き換わっているのです。

より複雑な、心に負荷がかかる課題も、考えずに、経験によって自動化されたためにバックグラウンドで行われている操作に基づいて解決することができることがあり、「直感」と呼んだりします。実際、数学の才能がある子供にとって、教師から正しい答えにたどり着いた方法を聞かれても、正しい直感をどうしても再構築できず、本当にイライラしてしまうことがあるそうです。先生を満足させるためには、解答をリバースエンジニアリングする必要があるのです。しかし、おそらく最も悪名高い心の癖は、早合点と表面的な判断でしょう。

第一印象というのは何らかの理由で残り続けると言われており、変えるのはとても難しいものです。その印象が正確で、真実味があるものであればいいのですが、そうでもありません。私たちは、表面的な情報だけで、ものすごい速さで人の印象を作り出し、反証があってもずっとその印象を持ち続けます。脳は統計的な規則性を利用するように進化してきました。つまり、私たちを取り巻く環境の中で、同じようなことが繰り返される傾向があるのです。会議室には椅子があること、パーティーには飲み物があること、オペラに行くときはきれいな格好をすること、イチゴジャムの味はどんなものか、ナイフの様々な使い方などを知っています。これは良いことです。新しい椅子を見るたびに、椅子の概念を学び直さなければならないと想像してください。生きていくために無限に時間が必要になるでしょう。その代わり、今まで出会ったことのないものに出会ったとき、脳は「これはどういったものだろう」と問いかけます。その新しい椅子を、すでに記憶している椅子のカテゴリーと結びつけることで、膨大な連想と知識を即座に手に入れることができるのです。その椅子の機能や使い心地を知り、さまざまなシチュエーションを想像し、その椅子と一緒に登場する他の物体の傾向を予測することができるようになるということです。これは素晴らしいことで、強力で、とても便利です。しかし、人との関わりに関しては、望むところとは程遠くなります。新しく出会った人が他の誰かを思い出させるとき、あなたはその古い友人の持っている特徴や記憶、態度をすべてその新しい人に投影したくないのに、投影してしまうのです。私たちは皆、異なる個人であり、その新しい人が実際にはどんな人なのかを推測するのは本当に苦手であることがすでに示されていますが、私たちは習慣としてそれを続けています。物や状況に対しては良い習慣でも、何の情報もない仲間を判断するときには良くないのです。

私はこの本の執筆のために、イスラエルの華やかな北部（ガリルのクリル）に2ヶ月間小屋を借りました。自然、鶏、そして携帯電話の電波はありません。最初の支払いは、ヒッピーの家主に小切手を受け取ってもらうよう、本当に説得しなければなりませんでした。彼は全体的にとても余裕を持っていて、お金には無頓着だという印象でした。このことをある程度考慮し、私も次の月の支払いについて余裕を持つようになりました。そのため、私は彼の要求をあまり真剣に受け止めず、彼が本当は私にお金を払ってほしいのだと理解するために、何度も念を押される必要があったほどです。お金に対する彼の態度に対する私の第一印象は、早とちりで、硬直したものでした。私たちがそうであるように、一度の出会いでテンプレートが形成され、この素早い第一印象は、たとえ反証が繰り返されたとしても、簡単に更新することはできなかったのです。

私たちの迅速な印象に関する習慣は、相互作用において不公平で有害であるだけでなく、物事を新たに楽しむという絶妙な喜びを奪ってしまうのです。ウォルターー・ペイターーは、その著書『ルネサンス――美術と詩の研究』の驚くべき結論で、こう言っています。[8]

人間の精神に対して、哲学、あるいは思弁的な教養の果たす役割は、この精神を覚醒し、刺戟して、それに絶えず熱心に観察させるような生活を営ませることにつきる。刻々過ぎる瞬間に、何らかの形態がたとえば手とか顔とかにおいて完璧なものとなることがある。山や海の呈するある色合いが他の部分よりも際立って美しく見えることがある。情熱とか、洞察とか、知的な興奮とかから生じるある気分が、抗しがたい魅力とリアリティを感じさせることがある。しかし、これらはその瞬間のあいだのみ起こるのである。とはすなわち、経験がもたらす結果ではなく、経験それ自体が目的ということにほかならない。しかもこの多彩な、劇的な生活に関して、ある一定の脈博数を数えられるだけの時間しか私たちには与えられていない。ではこのほんのわずかの時間内に、最も微妙な感覚によって認めうるものすべてを見逃さないためには、どうすればよいだろうか？　きわめて迅速に時点から時点へと移動し、最も多くの活力がその最も純粋なエネルギーと化してひとつとなっている焦点に、どうしたら私たちはつねに存在することができるだろうか？

こうした硬い、宝石のような焰で絶えず燃えていること、この恍惚状態(エクスタシー)を維持すること、これこそが人生における成功ということにほかならない。ある意味では、人生における失敗とは、いろんな習慣を身につけることだともいえるであろう。というのも、結局のところ、習慣は一定の型に嵌った世界に関連しているからであり、また一方では、二人の人間、あるいは二つの事物や状況が同じものに見えるのは、目の働きの粗雑さのせいにすぎないからである。

私たちの失敗は、習慣を形成することだと彼は言っています。

人生のどの瞬間も他の瞬間と同じではありません。どんな人も他の人と同じではありません。そして、どんな花も他の花と同じではありません。すべての夕焼けは違うものです。脳と心の素晴らしい習慣的メカニズムは、物に対して「これはどんなものだろう」と素早く類推することで処理リソースを節約するのと同じで、私たちに個々のものをカテゴリーとして見させるメカニズムであり、エクレアを食べるたびに豊かな気持ちで楽しむことができないのも同じメカニズムなのです。

科学者は、偉大なブレークスルーには、偏見や古い思い込みを捨てることが必要だと知っています。これは、世界を新しく見るようなもので、期待やトップダウンをやめることです。だからこそ、新人は自分の意見を言うことを奨励されるべきなのです。彼らは、固定化された専門家の心を解き放つための素晴らしい情報源なのです。昔の自分に戻るのは、一番簡単なことでしょう。だから、禅の権威である鈴木俊隆は、初心者の心を育てようと提唱しています。専門家の心は固定的で硬直したものですが、『初心者の心』は多くの可能性を残しているのです。

性格も広義には習慣です。性格を心の状態のようにとらえ、習慣（および性質）の大きな袋と考えることができますが、それよりは強固で永続的なものです。内向的な性格を簡単にやめることができるでしょうか、また新しい経験を受け入れることができるでしょうか。欲望や強迫観念も思考の癖と言えますが、これを取り除くのがどれほど難しいかはご存知の通りです。さらに興味深い心の癖として、迷信や呪術的な思考で、関係や因果関係、結果がないところにもそれを見て取ってしまう傾向というものがあります。ダイエットを始めたり、ジムに通ったり、禁煙したり、携帯電話を手放したりするのが難しいのと同じように、こうした心の習慣をやめるのは難しいのです。

マインドワンダリングもまた心の習慣です。心の動きを止められないのは、私たちの性癖のようです。瞑想を始めたばかりの人はもちろん、経験豊富な人も遭遇する困難は、心の習慣を断ち切ることがいかに難しいかを端的に表しています。心は忙しくありたいのです。気になっていたことが片付くと、この心の忙しさへの欲求は、新しいこと、たとえば周りの見知らぬ人についての無用な詳細など、ありふれたものでさえも、あなたの心を埋めてしまうのです。リトリートに参加するとそれを感じることができます。リトリートに来た時点で抱えていた大量の思考が終わると、私の心は、目の前の女の子のバッグや右隣の男のタトゥーなど、現在の状況についてのより局所的で小さな思考で埋められていくのです。座って何も考えないでいることが、どんなに難しいことか。多動な子供にじっとしていろと言うのを想像してみてください。多動で動きたくなるだけでなく、彼をとりまく環境全体が刺激的な物やお菓子、おもちゃで満たされていて、彼を鳴りひびくように呼びかけているのに、です。

まとめ　注目すべき5つのポイント

1つ目のポイントは、マインドワンダリングを起こすとき（あるいは起こさないとき）の心の進行のしやすさを考えることです。より良い気分で、より良いアイデアを得るためには、広く、遠く、そして速いマインドワンダリングを起こすことが最善です。

2つ目は、私たちのマインドワンダリングは、別の意味でも素晴らしいということです。それは、想像した経験から学ぶことを可能にするツールであるということです。私たちは、あらかじめ想像しておくことで、決断や将来の可能性を容易にすることができるのです。

3つ目は、私たちの心にはさまざまな状態があるということです。これらの状態は動的で、知覚、注意、思考、開放性、気分など、私たちの心のありように関するさまざまな側面が集まっています。私たちの使命は、そのマッチングを最大化し、摩擦を最小化することです。

4つ目は、自分の考えや経験のさまざまな質をよりよく理解するために、瞑想するべきだということです。

５つ目は没頭することです。ウォルター・ペイターの言葉に戻れば、『経験の果実ではなく、経験そのものが目的である』ということです。

付録　研究室から日常生活へ

長年にわたって科学に携わってきた私の研究のアイデア、発見、理論のほとんどは、生活の中で好奇心をかきたて、奇妙に思え、あるいは説明や一般化を求めていた小さな事柄が引き金となっています。このような成果を、研究室の外でも活用できるような形で丸ごと呼び戻すことができるのは、私にとって大きな喜びです。ここで取り上げるそのうちのいくつかは、私自身が経験から得たものであり、本文から抜粋したハイライトです。これらは、あなたが次の段階に進むときに利用できるように、ここに取り上げておきます。お楽しみください。

意図的なマインドワンダリング

マインドワンダリングは脳の主要な活動です。何か他のことをしなければならないときや、反芻して気分が落ち込むときなど、常に歓迎されるわけではありませんが、適切な場面では貴重な資源になります。マインドワンダリングをおこしている自分を発見しても、罪悪感を感じるべきではありません。それは、意図的に時間を割り当てる価値のある、独創的な習慣かもしれません。そのように扱えば、その時間から得られるものは最大になるはずです。

シミュレーションの中での経験から学ぶということ　私たちが記憶していることの多くは、実際に経験したことの結果ですが、中には想像上の経験やシミュレーションしたシナリオの結果もあります。学ぶために経験する必要がないというのは、壮大なことです。そのような想像のシナリオを記憶しておくことをお勧めしたいのですが、いずれにせよこういったことが起きるんだということです。私たちの脳には、実際に体験したことのない想像上の出来事も記憶されているのではないかという研究は、しばらく前に飛行機の搭乗中に始まりました。ある論文を読んでいたとき、ふとしたきっかけで非常用ドアに目が留まり、次のようなシミュレーションをしました。もし空中にいるときに突然ドアが開いたらどうしよう。パラシュートが必要だ。膝の上にある飛行機用の毛布が使えるかもしれないが、強風でつかみ続けることができないから穴が必要かも。ペンを使ったら穴が作れそうだ、など。ありえない話ですが、それでも私は今、想像上の体験のスクリプトを記憶しており、万が一の時に役立つのでしょう。私たちはこのようなことを、もっと身近な場面でよくやっています。

間接的なマインドワンダリング　私たちは、自分の心がどうマインドワンダリングをするかを指示することはできませんが、新しいアイデアを求めるため、あるいは気分を良くするため、あるいはその両方の理由で、マインドワンダリングを起こしたいと思っている内容で、その可能性のある心の空間を満たす努力をすることはできます。私は、長い散歩に出かける前、あるいは過度に負荷がかからないその他の活動に出かける前に、自分の心の中に何があるのかを自問します。もし、それが支払ったばかりの請求書や迷惑なメールであれば、最近興味を持ったパラグラフを読み直すなど、マインドワンダリングをその他のことに置き換えるようにします。また、以前に取り組んでいたがあきらめてしまった問題を思い出したり、近々行く予定の旅行のアイデアを温めて、頭で未来をシミュレーションしながら細部を調整することもあります。

建設的なマインドワンダリングを誘う条件　最も創造的で高揚感のあるマインドワンダリングを起こすには、達成すべき厳しいタスクがなく、ポジティブな気分であることが必要です。

気分と創造性を高めるために、広く、遠く、速くマインドワンダリングをする

心の進行のしやすさ　建設的なマインドワンダリング、クリエイティブな心、そして幸せな気分は、すべて同じ一つの特徴、すなわち『心の進行のしやすさ』に依存しています。私たちの思考は、広く、遠くへ、そして速く進む必要があり、これによって私たちの思考がカバーする意味領域の広さが最大化されます。これは反芻思考とは正反対です。私たちは心の動きを効率的にしたいのです。スムーズで、楽しげで、適量であると良く、私たちの思考プロセスを抑制する必要があります。そのことを意識して、自分の障害となるものを特定する努力を定期的にしています。

広く考える　私たちがどのように考えるかは、私たちの気分に影響を与えます。思考のパターンは、その内容とは無関係に、私たちの気分に直接影響を与えることができるのです。以前から、私たちの気分がどう考えるかに影響するという、別の方向の影響力が存在することは知られていました。気分が良い人は、ネガティブな気分の人に比べて、創造性が高く、洞察力や「アッ！」という解決策が必要な問題の解決に長けており、記憶の中の珍しい情報にアクセスできる傾向があります。しかし、私たちの幸福にとってより重要なのはその逆で、思考パターンを変えることによって気分を改善できる可能性があることです。慢性的な反芻は、たとえその仕組みがわかったとしても、簡単には減りません。しかし、それほど深刻でない反芻の場合は、幅広く進行する連想思考が、より良い気分を助長することを覚えておく必要があります。参加者の思考を広げ、気分を向上させた連想連鎖の例をいくつか紹介します。

タオル‐ロープ‐キング‐クイーン‐イングランド‐時計‐ベル‐教会‐十字架‐墓地‐墓‐花

トマト‐赤‐血‐ナイフ‐フォーク‐スプーン‐シルバー‐コイン‐25セント硬貨‐パーキング‐メーター‐チケット‐警察

テント‐サーカス‐象‐ピーナッツバター‐ジャム‐ドーナツ‐穴‐シャベル‐熊手‐葉‐枝

テレビ‐本‐本棚‐クローゼット‐ジャケット‐手袋‐帽子‐キャップ‐野球‐バット（野球

のバット／コウモリ）‐洞窟‐熊

歯‐舌‐筋肉‐バーベル‐スニーカー‐足‐つま先‐爪‐磨き‐木綿‐雲‐鳥‐飛行機

思考を強制できる要素はあまりありませんが、その流れ方を変えることはできます。自分の思考パターンを観察し、まずそれが反芻しているかどうかを確認します。もしそうであれば、健全な気晴らしをしたり、思考のラベリングをしたりすることが有効です。反芻していない場合でも、より良い、より独創的なアイデアを得るために、より広い思考を好むかもしれません。まずは、自分なりの幅広いリストを作ることから始めてみてください。そしてそれ自体が、あなたの思考を広げることになります。

躁状態のような思考スタイルで気分を良くする　また、意外と簡単な方法ですが、文章を非常に速く読むことで、気分を良くすることができます。好きな文章をできるだけ速く読むのです。ただし、内容を理解しつつ、同時に爽快感も必要です。速読は、高揚感や爽快感を伴うことが知られていて、躁状態のようなものを誘発します。実際、速読後、実験参加者は主観的な力、創造性、エネルギーの増加感など、躁状態の他の特徴を示しました。もしかしたら、あなたも同じようにラッキーな人かもしれませんね。

抑制を最小限に抑える　抑制とは、思考のスピード、範囲、距離を制限する仕組みのことです。やや単純化して言えば、抑制が強い人は気分障害になりやすく、抑制が弱い人は創造性が高くなります、抑制が少なければ、停滞も少なくなります。瞑想は、そのような抑制的なトップダウンの影響を遮断するのに役立つことが、すでにいくつか証明されています。没頭することもそうです。その他、自分の抑制を解くのに適した環境やコンテクストを探すのは個人的なものであり、自分なりのものを見つけることになるでしょう。

認知負荷の軽減　複数の情報というものが脳のプロセスと心の余裕に同時に負荷をかけることになります。泣いている2人の幼児を連れてスーパーマーケットの通路を歩けば、棚にある新しい商品を探したり、気づいたりすることはできないでしょう。心に負荷がかかると創造性が低下し、知覚と注意、思考は狭い（局所的な）ものとなり、あまりポジティブでない気分になり、全体的に活用型の状態であることを意味します。心の負荷を減らすと、創造性が高まり、人はより探索型の状態になり、知覚や精神の範囲が広がり、気分も良くなります。もちろん、私たちは常に日常的な要求を処理していく中で認知負荷から逃れる余裕があるわけではありませんが、その場合でも、自分の限られた状態を認識しておくことは、その状態に最も適した活動にするための方向付けに役立ちます。

心の状態

私たちの心の状態は、知覚、注意、思考、開放感、気分といった生活における心の柱を包括的に包含しています。そのため私たちには、特定の状況に応じて最適な状態になるように、心の状態を操作するための複数の「入口」があります。さまざまな状況において、これらのそれぞれは、多かれ少なかれ何かしらの経路を経て変更できるようになっています。

自分の心の状態を調整するのに役立つと感じた手段はいくつかあります。そのうちのいくつかは私の研究室で使っていますし、他のものは自分の生活に取り入れることで、非常に豊かなものになると感じています。心の状態をより広く開放的にするか、より狭く閉鎖的にするかは、今置かれている状況の中で何が利用できるかによって、どの入り口からも操作することができます。知覚と注意は、より大局的なもの（「森」を見て、「森」に注意を向けるようなものです）にも、より局所的なもの（「木々」を見て、「木々」に注意を向けるようなものです）にもなり得ます。写真の大局的な部分を見て心の状態を広くすることから始めることもできますし、代わりに小さな細部を精査して心の状態を徐々に狭くしていくこともできます。思考も、すでに述べたような方法で、心の状態を広くしたり狭くしたりすることができます。開放性、不確実性への耐性、より探索型であるかより活用型であるかも同様に変えることができ、結果として心の状態を変えることができます。新しい環境を探検したり、新しい料理を試したり、不快な思いをするようなことは、一時的な不確実性や新しさに対する態度を変えるのに役立つかもしれません。最後に、たとえ表面的で短時間であっても、気分はある環境においては操作することができます。アイスクリームと面白い映画でうまくやれることもあります。これらのどれかを変えれば、他のものもそれに応じて変化し、それらを組み合わせることで、包括的な心の状態を私たちの望むところに近づけることができるのです。

時間帯もまた、私たちが探索型と活用型の直線上のどこにいるのかを決定する要因のひとつです。朝飲むコーヒーが変わるのを恐れる一方で、ランチタイムになると、ほとんどの人が驚きの一皿を口にするようになります。もちろん、これは個人差があり、意識することで、心の状態と時間帯の相関関係を実験して理解することができます。

また、自分の心の状態を把握する方法を知っておくと、状態ごとの活動を最適化することができるようになります。たとえば、マインドフルネス瞑想は、自分の心の状態をモニターすることを意識する上で大きな助けになります。心の状態やその操作は、より良いパフォーマンスのために活用することができます。幸せな気分のときは、じっとしているのが難しいので、退屈な雑用に最適な状態とは言えませんし、このような状態にあるときは、下す決断がよりリスキーになる傾向があることも知っておくとよいでしょう。しかし、問題に対して型にはまらない解決策を思いつくには最適な状態です。新しい領域を不安なく探索するのに最適な状態は、広く連想させる思考の状態であり、その逆もまた然りです。というのも、私たちの心の状態の中にあるこれらの共依存は、すべて相互的なものだからです。

私は、広く開放的な心の状態であるとき、自分を明るく保ち、その気分を生かすために何か探索的な活動をしたり、仕事で追求すべき良い新しいアイデアを思いつくことを期待して、マインドワンダリングが起きることを許容しています。私は、自然発生的に起こるマインドワンダリングを大切にするようになりました。しかし、もしマインドワンダリングが反芻的なものになった場合、通常はその呪縛を解くために何かをすることができています。その方法のひとつが、すぐに没頭できる気晴らしを求めることです。時間が経つにつれて、心の状態をチェックすることが自然にできるようになりました。今は、どんな体験でも、思い出したときに自分の心の状態を意識的に観察し、初心者向けのヨガクラスで私が経験した出来事のように体験している自分を観察して上達したいのか、思い切り没頭したいのかを判断しています。

トップダウンかボトムアップか　心の状態は、トップダウンとボトムアップの比率によって形成されます。トップダウンの影響は記憶や過去の経験から、ボトムアップの影響は感覚から伝わる現在の環境からもたらされることがわかったので、それをうまく利用することができます。自分に影響を与えているものを完全にコントロールできるわけではありませんが、その違いを意識して、子供との旅行や恋人とのデート、マンゴーを食べるとき、アートを鑑賞するときなど、ボトムアップのシグナルにもっと敏感になり、体の内側から送られてくる古いシグナルを黙らせるように努力することができます。逆に、効率や確実性を求めて慣れ親しんだものの力を借りたいのであれば、自分の内なる知識をもっと重視するようにすべきです。また、大きな新しいアイデア、たとえば、製品を作るためのアイデアを探しているのであれば、広く連想的なマインドワンダリングモードにしたいものです。私は、ニリやナディア、ナオルと一緒に過ごすことで、より没頭できる体験ができるようになりましたが、それだけでは決して十分ではありません。

不確実性に対する寛容さ　私たちは、意味を見出すために分類し、そしてそれによって、何が起こっているのかについてコントロールできているのだという主観的な確信を持つことができます。新しいものを古いテンプレートに当てはめなければならないというプレッシャーを感じないためには、不確実性を許容できるようになることが必要です。不確実性への耐性は、開放的で、好奇心旺盛で、幅広く、創造的で、機嫌の良い、子供のような探索型の心の状態から生まれます。幸運なことに、子供たちは境目をあまり気にしないようです。教会、ルール、カテゴリーは、彼らのまだ発達していない前頭前野からやってきます。私たちがこのような状態になるには、自分の感覚を解放する方法を見つける必要があります。

変化のための窓　第一印象に影響を与える機会の窓が開いている時間は、極めて短いものです。新しい状況において、私たちはまず、学び、新しいテンプレートを作るために、探索型の窓を短い時間開きますが、その後、そのテンプレートは安定し、硬直化します。そして、あっという間に、私たちのデフォルトの状態である活用型の状態に戻り、その迅速な探索型の窓が私たちに刻み込んだものに依存するようになります。このちょっともどかしい事実を認識することが、ここでの鍵です。気づいていないバイアスに抗うことは、決して簡単なことではありませんが、私たちがわずかな根拠に基づいて判断していることに気づくことは、私たちが忘れてはならないことです。

没頭すること

没頭とは、視点を根本から変え、考えず、マインドワンダリングせず、自分を観察せず、何も期待せず、ただ感じることを必要とする、異なる体験の方法です。

私は、生活の中で定期的に没頭する時間を作ることを、これ以上ないほど強くお勧めします。ある活動に没頭して、本当に夢中になったのはいつ以来でしょうか。深く没頭できるような体験ができるような、そんな時間を作ってみてください。すでにそういった体験があるなら、新しいものを探しましょう。山の裂け目をジップラインで渡るのに、なぜ高いお金を払う人がいるのか不思議に思ったことはありませんか。では、一度試してみてください。エイリアンの攻撃をシミュレートする拡張現実ヘルメットと連動した、ラスベガスにあるクレイジーなジェットコースターにはもう挑戦しましたか。もちろん、仕事に没頭することが最も生産性の高い没頭の形ですが、こうした他の体験も決して馬鹿にできません。激しい冒険に没頭していると、だんだんスリルのない状況でも没頭できるようになり、よりスリリングに感じられるようになります。

自然な没頭を得るための条件がわかっていればいいのですが、心理学や神経科学的な研究は始まったばかりです。しかし、私たちが自発的にある程度「オンデマンドで」没頭できることは確かです。私のお気に入りの意識的な没頭体験は、子供とするものです。携帯電話を脇に置き、前のめりになって、目と耳を大きく開き、没頭するのです。私が生み出したある種ちょっとした瞑想のようなもので、呼吸に意識を集中させ、意識が散漫になったときに呼吸に戻る代わりに、子どもたちに意識を集中させるのです。バービー人形で遊んだり、一緒にサンドイッチを作ったりして、こんなにも高揚した気分になれるとは思いませんでした。残念ながら、こんなことはそうそうありません。もちろん、一日中自分の心の状態にかまけていることはできませんが、もっと頻繁にそれをするように自分に言い聞かせることはできるはずです。

自分の思考を瞑想してみる

これは、瞑想を推奨しているものではありません。私には効果がありましたし、あなたにも効果があるかもしれませんが、かといって必須ではありません。瞑想をここで、そしてこの本全体で取り上げたのは、瞑想が提供する原理が、必ずしも簡単ではないものの、直感的な方法で私たちの生活に導入できる可能性があるからです。

マインドフルな生活を育む瞑想の力を説明できる要素は3つあります。1つ目は、『拡散された注意』です。自分を取り巻くすべての場所、すべてのアイテムに対して、偏りなく、特権的な配分もなく、等しい重みを持って環境に注意を向けることができる能力です。これは確かに、常に望まれているわけではありません。車の鍵や人ごみの中にいる友達、ホッケーのパックなどを探しているとき、注意のスポットライトは非常に具体的で、考えられる場所と考えられる特徴の両方についての情報を持っていることが望まれます。「ウォーリーをさがせ！」を思い出すとわかりやすいでしょう。しかし、特に何かを探す必要がなく、周囲を見渡す余裕があるとき、私たちは注意のスポットライトを広げたいと思うだけでなく、むしろスポットライトがないほうがいいと思うのです。私たちを取り巻く環境のあらゆる部分に面白い可能性があり、できることなら素直に受け取りたいものです。

瞑想によってマインドフルになるにあたって脳に与える2つ目のことは、『期待をオフにすること』です。私たちの脳のデフォルトの状態は、期待するようになっています。何かが起こることを期待し、何か良いことや悪いことが起きることを期待し、将来的に何かを望み、そして物事が自分の期待と比較してどうであるかに関連して判断しています。現在進行形の呼吸を見るということは、トップダウンの情報の関与を徐々に減らしていくということで、今、ここに自分を留めるためのテクニックです。そして、今、ここにいることで、期待しているあらゆることや未来について考えることから切り離されるのです。何も期待していないとき、あなたはこれから起こることに心を開くことができるのです。

瞑想が現在の体験の質を高めるのに有効である3つ目の要素は、思考、欲望、恐怖への『執着心が減らせる』ということです。私の経験では、そのための最良のアプローチはラベリングです。私の研究室ではまだ発展途上の研究テーマですが、この方法はすでに取り入れることができます。あなたの心を占める特定の思考を調べ、いくつかの次元に沿ってラベルを貼るのです。それはポジティブ、ネガティブ中立のいずれでしょうか。それは過去、現在、未来のどれに関するものでしょうか。自分と他人、あるいはその両方のどれに対するものでしょうか。つまり、昨夜観た映画の悲しい結末について考えるなら、ネガティブ、過去、他者というレッテルを貼れるでしょう。娘が2ヶ月間旅行に行くことについて考えるなら、それは否定的、未来、自己というラベルが貼れるでしょう（他の次元についてもこういった形で考えることができます）。この訓練をすると、ラベリングが終わったとたんに思考が消えていくのです。では、心配事が頭に浮かんだらどうすれば良いでしょう。あなたはそれを認知し、ラベルを貼って、次に進めば良いのです。

ビギナーズ・マインド　科学者は、偉大なブレークスルーには、偏見や古い思い込みを捨てることが必要だと知っています。これは、世界を新しく見直すということであり、期待やトップダウン思考をやめるということです。だからこそ、新人は自分の意見を言うことを奨励されるべきなのです。彼らは、固定化された専門家精神を解き放つための素晴らしい情報源なのです。昔の自分に戻るのは、一番簡単なやり方だと言えるでしょう。ビギナーズ・マインドには、さまざまな可能性が残されているのです。

その他

心的な唾液分泌　心的な唾液分泌と私が呼ぶシミュレーションを通じて、物事をよりもっともらしく見せてみましょう。あなたはソファで横になっており、コンピュータの前に戻ったり、買い物に行ったり、ジムに行ったりする気力が湧いてこない状態です。このとき、これから行う活動を詳細に想像してみましょう。たとえば、食料品を買いにいかなければならない場合、作成済みの買い物リスト、持参したいエコバッグ、どこに駐車するか、歩かなければならない通路、それらがどのような見えかただったかを思い出し、帰り際に花を摘み、家に戻ってからの達成感といったものについての想像です。そうするとすべての体験が突然身近に、そして実際にソファから降りるまでの間に緩衝材や障害物がないように感じられます（これは、先延ばしと戦うためのアドバイスとして受け取るべきではありません。私は、先延ばしという行為が、特に創造的な熱中という目的に寄与することが多いと信じており、常に戦うべきものではないと考えています)。

慣習や境界線を廃止する　私の友人が花を買いに行ったときのことについて話したかと思います。ある女性にその花の組み合わせは良くないよと言われた時、彼は「束ねれば良くなるよ」と返したのでした。私は人生において、自分が望むものと期待されるものの間で選択する必要があるさまざまな交差点で、厳格なカテゴリーのフェンスと柔軟なカテゴリーのフェンスの長所と短所を比べながらそれらの境界線で遊ぶことが好きです。友人の花の話から得た良い教訓は、出会う前は不可能と思われること、つまり以前には可能性を予測することが不可能だったことでも、一度それが実現すると可能になるということです。「奇妙なこと」は、それが身近になれば「普通のこと」になるのです。

共有による緩和　つらい思考や怖気づくような悩みを打ち明けるだけで、その苦しみを和らげることができます。誰かに話す、あるいは自分自身に話す、そして紙に書き出すだけで、日常の小さな悩みのほとんどは驚くほどうまくいくものです。

アフォーダンスを考える　目の前にあるものが、どこまで特定の行動を可能にするのでしょうか。この原則は、建築、広告、プロダクトデザインなど、デザインの指針となるものです。私は、さまざまな企業にアドバイスをする際に、商品のデザインは、潜在的な顧客がその商品を使っている姿を簡単に見ることができる、あるいは、その商品を使う自分を想像することができるようにする必要があると強調します。洗濯用洗剤であれば、実際にグリップを握って洗剤を注いでいるところを想像しやすいデザインとし、その様子をできるだけ詳細に想像してもらい、上で述べた心的な唾液分泌を促し、説得力を持たせるのです。私は、自分の子供にも、他の人にも、ある経路を納得してもらおうとするとき、同じことをします。シミュレーションができるぐらい、各ステップを確実性があるものにしましょう。自分自身の姿を思い浮かべることができれば、より確信が持てますし、決断しやすくなります。私は、すべての人が適切なメンタルシミュレーションを行うことで、中東に平和をもたらすことができればと願っています。

人生を最大限に楽しむための重要な障害は、トップダウンの気質、精神的な負荷、そして没頭していないことであると考えられます。これで、あなたはより良いツールを手に入れたことになります。

謝辞

あなたが愛している人、あなたのことを気にかけてくれる人、あなたにインスピレーションを与えてくれる人、あなたに挑戦してくれる人、あなたを尊敬している人、そしてあなたを見下す人に、愛していると伝えてください。今の私たちは誰も、私たちを取り巻く魂たちなしでは存在しえないのですから。私は特にそうです。私は、私と会った人々とのパイプ役なのです。

まず、3人の子供たちから始めたいと思います。ナオール、ナディア、そしてニリへ。あなたたちへの愛、あなたたちが私に感じさせてくれるもの、あなたたちが私を私でいさせてくれるものを言葉で表現する方法を見つけたとき、私は初めて自分が良い作家であることを知るでしょう。あなたたちが私の根底に居てくれるからこそ、何も難しいことはないと思えます。あなたたちの愛、あなたたちの感性、あなたたちの態度、あなたたちの創造性、あなたたちの開放性、あなたたちの理解、あなたたちとのハグとキスは、私の人生に意味を持たせてくれるものです。

マリア（『ピチ』）、20年以上にわたる伴侶であり、子供たちの母親でもあるあなたは、私に形と深み、そして究極の幸福を与えてくれました。ワイツマン研究所の数学科で出会って以来、私たちが征服した宇宙を越えて、あなたは今も、そしてこれからも、私の人生の天使であり続けるでしょう。

ノア、私たちはとても深く、とても自然につながりました。あなたは私をより高く押し上げ、興奮させ、落ち着かせてくれました。私たちの愛は、可能な限り最高の本を書きたいと思わせてくれました。私はガネーシュ、あなたは最も美しい『チュルドネット』になるでしょう。

職業上、私は数多くの優れた先生方から、山ほどのインスピレーションを受けました。特に、アーヴィング・ビーダーマンとシモン・ウルマンがそうです。彼らはそれぞれ異なる時期に私の面倒をみてくれ、私の一部はそこに留まり、決して離れることはなかったと思います。ユダヤ教では、そして他の宗教でもそうだと思いますが、先生方は親に相当するものです。シモンもアーヴィングも、私に必要なものを躊躇なく、無条件で与えてくれました。シモンは私を科学の世界に引き入れ、今日まで高い塔であり続けています。アーヴィングは、私の中の子供とつながることを許してくれ、研究中もずっとつながり続けてくれました。彼は、飽くなき好奇心と創造性（したがって、前向きな気分）を持っていた典型的な人です。また、ポスドクでハーバードに来たとき、短い期間でしたが、ダニエル・シャクターと一緒に仕事ができたことも、とてつもなく幸運でした。ダニエルは記憶研究の達人であり、物事を成し遂げる達人でもあります。

私の同僚では、まずダン・ギルバートを挙げたいと思います。ダンは、私が論説を書くことを志していた頃から、寛大で親しみやすく、そして素晴らしい人でした。私が『ニューヨーク・タイムズ』、『ボストン・グローブ』、『ロサンゼルス・タイムズ』に掲載できたのは、彼の友情、人格、オ能によるところが大きいと思っています。今でも文章に悩んだときは、ダンならどう思うだろうかと自問自答しています。ありがとう、ダン。次の受賞式には必ず参加します。

絶え間ない洞察力、創造力、寛大さ、心の広さ、そして無限のチャンスという環境を与えてくれたアーヴィング、シモン、そしてダンのおかげで科学的探究をキャリアパスとして選んだ自分がいかに幸運な人間であるかを実感することができました。すべてのことは研究して答えを出すことができると信じる気概を私が持っているのは、あなた方によるところが大きいのです。

恩師から学べなかったことは、弟子たちから学びました。私は、常に若くて熱心な人たちに囲まれ、耳を傾けるべきだと信じているので、とても幸運です。エリッサ・アミノフ、ワディム・アクセルロッド、シラ・バロル、ジャスミン・ボシアン、ヘレン・フェイン、マーク・フェンスケ、ケスタス・クルーガ、マリア・メイソン、マイタール・ネタ、マット・パニチェロ、アムイタイ・シェンハブ、キャサリン・シェパード、アミール・タール、シブ・トーマス、そしてサブリナ・トラップ、この本を書く上で最も関係が深い数人を挙げました。ありがとうございます！　あなた方の協力と多大な貢献により、私の研究成果はこのような形になりました。あなた方の楽観主義、開放性、独創性は、私に毎日エネルギーを与えてくれます。いつまでも学徒でいてください。それが無理なら、いつまでも学徒と共にいてください。

また、一緒に会話や実験、論文を書くたびに仕上げまで持っていき、高めてくれた多くの共同研究者にも感謝しています。リサ・フェルドマン・バレットの野心、ビジョン、感情、マウリツィオ・ファヴァは心理学という不思議な世界に私を導いてくれたこと、そしてノア・ヘルツの鋭い頭脳、絶妙な文章、本物の人格者です。

この本を手にしているのは、私のエージェントであるブロックマンエージェンシーのカティンカ・マトソン氏のおかげです。カティンカは、海の向こうからやってきた初めての作家の手を握り、プロフェッショナルな現実主義と温かい励まし、そして最も効率的なタッチで、私のアイデアを本へと導いてくれた、唯一無二の存在であり、エージェントをはるかに超える存在です。良き友は体を動かすのを手伝ってくれるというが、本当の友人は体を動かすのを手伝ってくれるんだとか。私はここにいるよ、カティンカ……。

編集者のダン・アンブロジオには、若く猛烈な勢いで、適切なタイミングで適切な指摘をしていただき、最も生産的で効果的な編集作業をしてもらいました。あなたが編集者であったことを幸運に思っています。

猫とお茶と笑いに囲まれていたエミリー・ルーズ。本の企画書の素晴らしい、そして示唆に富んだアシストと、あなたの計り知れない才能に感謝します。私たちはとても素早く成功することができ、他の多くの人が望むことをあなたから学びました。

『ニューヨーク・タイムズ』のジェームズ・ライアソン（ジェイミー）。私の企画を論説として取り上げ、幸運な連鎖反応を引き起こしてくれました。出版前のあなたのカミソリのような鋭い編集によって、私は書き方を知っているかのように仕立て上げてもらいました。

兄弟、バル＝イラン大学でのスーパースターの同僚、そして最高の友人でもあるオーレン・ハーマンへ。あなたが書いたたくさんの素晴らしい本から得た経験や教訓を私に授けてくれてありがとう。私たちがこれからも一緒に若くなれることをうれしく思います。
最愛の友人であるアディ・プンダック・ミンツへ。言葉では言い表せないほどのつながり、無限の知恵、限りない思いやり、そして刺激的な複雑さ。あなたが大好きです。あなたのお陰で恵まれていると思えます。

親愛なる友人であり、優秀な同僚であるナヴァ・レヴィット・ビヌンは、私にヴィパッサナーを紹介し、沈黙のリトリート中に隠れて話すことに同意してもらいました。感謝しています。

両手を広げ、心を開き、心を開いて私を迎えてくれたイスラエルのヴィパッサナー組織、トヴァーナの人々、特にライラ・キムヒ、クリストファー・ティトマス、スティーブン・フルダー。あなたは私がどこへ行こうとも私のそばにいてくれます。

私の大脳皮質とハートの眠っている部分を刺激してくれたフロッギーに。あなたはいつも美しい。カクタス、あなたは私に常に思い出させてくれる存在です。私が別の脈拍を見つけるのを助けてくれてありがとう。

アミ、段落の合間に美しいビーチを走らせてくれて、そして幼稚園の送り迎えの間に生涯の友を見つけることができることを証明してくれてありがとう。

サーシャ、思考と思考の間に常に驚きの空間を与えてくれてありがとう。あなたはヤッファの、そしてさらに広い世界でのスターです。

サミ・サゴル、彼のハリウッド級のライフストーリーと貢献により、多くの点で私を励まし、鼓舞してくれました。サミと家族のみんな、ありがとうございます。

ハーバード大学、マサチューセッツ総合病院、バル＝イラン大学の皆さん、私のアイデアと情熱を追求するための環境と最高の雰囲気を提供してくれてありがとう。

私の研究室を管理してくれたエイナフ・スダイとツァフリル・グリーンバーグに特別な感謝を捧げます。あなた達は私の宝物です。

クレイグ・ウィネットは究極のチーフ・クリエイティブ・オフィサーです。

ジョシュ・ワックマン、あの素晴らしいペイターの引用をありがとう。

私の大家族は、辞書の「家族」の定義にあるように、愛情深く、絆があり、困難に立ち向かい、酒を酌み交わすことができる存在です。私の母、ヒラ。えーっと、あなたの母としての愛を表現するのに十分な長さの本があるのでしょうか。キスを贈ります、ママ。父のアヴィは、多くの領域で私のロールモデルであり、私たち全員にとって安定した島です。妹のイフラットとインバルは、注意力散漫であることがいかに魅力的であるかを教えてくれ、決して止まらないハグをしてくれます。私の若い弟、ナボット、あなたはエベレストです。ベン＝ハモ一族、私はここから永遠にあなたを愛しています。また、私の永遠の義理の両親であるマイケルとアンナ・ランドを愛し、感謝しています。

亡くなったイツァークおじいちゃんとミハエルおばあちゃん、愛の暖かい光がどこまで届くかを教えてくれてありがとう。

ポップ・スモーク（"Welcome to the party"）、リル・ピープ（"She's the one with the broken smile"）、マック・ミラー（"I like my music real loud"）。あなたたちはこの本のサウンドトラックと

して、最も活力を与えてくれました。
そして最後に、母なる自然へ、あなたは私を幸せにしてくれます。

訳者あとがき

本書は、イスラエルのバル＝イラン大学のモシェ・バー先生によるマインドワンダリングに関する啓蒙書である。ご自身の脳科学的研究に基づく研究成果をもとに、マインドワンダリング、すなわち心の彷徨の重要性を説いている。訳者あとがきとして、ここで本書のまとめを書くことは冗長であり、必要ないだろう。ただ、日本語版をこのような形で出版することになった経緯には触れておきたい。

モシェ・バー先生は国際的に著名な認知神経科学者であるが、30年来の友人でもあるので、以下ではいつも通りにモシェと呼びたい。会うたびにいつも、モシェもカズと声をかけてくれる関係であり、本書冒頭の日本語版に向けた挨拶でも、我々が親しい関係であることはご理解いただけると思う。ここで触れる出版の経緯として、我々がこのような関係になった出来事から説明することになる。

モシェとの関係は、1995年6月から1年間、オブジェクト認知研究の世界的権威であった南カリフォルニア大学のアーヴィング・ビーダーマン教授のもとで、客員研究員を務めた期間に遡ることができる。その当時、大学院生だったモシェと、毎日のようにランチを共にし、昼食後はバスケットボールをして汗を流してから、研究室に戻るという生活をしていた。自分より頭一つ背の高い大男で研究室でも目立つ存在であったモシェが、いつも優しく声をかけてくれて、先端的な研究に取り組んでいる中でも、和やかな気持ちになることができた。

大学院当時のモシェは、無意識の知覚について認知心理学的研究をしていたが、学位取得後、その研究をハーバード大学で脳科学的研究に展開し、国際会議での発表や優れた研究論文として発表していた。毎年のように国際会議でモシェに会い、ビーダーマン教授と共に旧交をあたためるのはもちろんのこと、お互いの最新の研究成果について議論することが楽しみであった。

国際会議だけではなく、２０１９年10月にロサンゼルスの南カリフォルニア大学で、ビーダーマン教授の長年の研究生活を慰労する会（簡単に言えば、長寿を祝う会）が開催され、世界中からビーダーマン教授の高弟が集まったのだが、その中でビーダーマン教授の講演の前の前座講演として、高弟代表としてモシェが研究講演を行ったのは、当然だっただろう。その講演が本書につながる刺激的な内容だったので、是非とも日本に招待したいと考え、すでに大会会長を務めることが決まっていた認知神経科学会第26回大会での招待講演をお願いし、即座に内諾してもらった。日本に招待する計画を具体化しようとしていたのだが、結局２０２１年7月に開催された大会は、残念ながらコロナ禍により、オンライン開催となった。それでも、モシェはイスラエルからリモートで素晴らしい招待講演をしてくれたので、学会大会は大いに盛り上がった。

この招待講演の中核的なテーマがマインドワンダリングであり、モシェはそれを書籍としてまとめ、2022年2月に本書を発表し、国際的にさらに高い評価を得ることになった。この刺激的な本を日本でも紹介したいと思い、勁草書房の永田悠一さんに相談したところ、日本語版の翻訳権取得に動いてくれた。ところが、残念ながら版元との条件が合わなかったようで、交渉は決裂してしまった。ちょっと残念な気持ちだったので、それをメールで直接モシェに伝えたところ、カズが翻訳してくれるとは知らなかったし、カズが翻訳してくれるならば話は別だという返信があり、再交渉の結果、最終的には勁草書房が翻訳権を得ることになった。

研究者が安易に翻訳を引き受けない方が良いことは十分に理解しているつもりである。すでに国際的に高い評価を得ている優れた書籍について、その翻訳が良ければ、原著者が褒められ、悪ければ翻訳者がけなされるのは当然だろう。すなわち、翻訳者が褒められることはないのである。ただ、大学院生の頃からの研究の変遷を知り、本書でもたびたび登場する家族や同僚との関係を長年見てきたので、自分が翻訳を担当することで、文章の中に隠れたモシェの人となりをうまく引き出せれば良いと願っていた（南カリフォルニア大学の大学院生だった当時、ガールフレンドだったマリアが今もパートナーであり、その後子供にも恵まれ、素敵な家庭を築いているのは、本書の中でもたびたび触れられるエピソードから明らかであり、とても微笑ましい）。

幸い、信頼できる下訳者である横澤祐貴氏の協力があり、翻訳作業を予定通りに進めることができた。子贔屓であることは十分に承知の上で、翻訳者として名前をおもてに出したかったが、いずれにしても翻訳作業を通じた親子対話は極上の幸せな時間であった。南カリフォルニア大学に滞在当時、小学1年生だった祐貴のことは、モシェも良く知っているので、祐貴が翻訳のパートナーだ

2010 年 5 月にアメリカのフロリダ州で開催された国際会議にて。左からモシェ、私、ビーダーマン教授。

ったことを伝えれば、時の流れの早さにきっと驚くに違いない。きっとこれをステップにして、祐貴はこれから別の形で翻訳に関わる何かを残してくれるに違いない。ただし、本書に限っていえば、翻訳に関する責任は全て自分にある。たとえば専門用語の訳出については、十分に気を付けたつもりであるが、ご批判は甘んじて受ける覚悟である。

２０２２年３月末で長年勤めてきた東京大学を定年退職し、残務整理に気が滅入る中、２０２２年８月にお互いの師であったビーダーマン教授が亡くなってしまった。そんな中で、翻訳書の出版という新たな挑戦に取り組む機会をいただいた勁草書房の永田悠一さんに感謝したい。また、定年退職後も大学教員として現役を続けさせてもらい、本書出版にあたり、サポートもしていただいた筑波学院大学にも感謝したい。本書を通じて、最先端の研究に基づく、脳の新たな使い方に気づいてもらえれば、訳者として、とても嬉しい。

横澤一彦

著者紹介

モシェ・バー（Moshe Bar）
南カリフォルニア大学でPh.D.を取得（Psychology, Cognitive Neuroscience Program）。国際的に著名な認知神経科学者であり、その斬新な研究成果は知覚、認知、精神医学の課題の理解に革命的な貢献をもたらした。権威ある21世紀科学イニシアティブ賞（マクドネル財団）、ヘブ賞（国際神経ネットワーク学会）など、多くの賞を受賞している。ハーバード大学医学大学院およびマサチューセッツ総合病院の放射線科、同精神医学科を経て、現在はバル＝イラン大学のゴンダ学際脳研究センターで、認知神経科学研究室長を務める。

訳者紹介

横澤一彦（よこさわ かずひこ）
東京工業大学大学院総合理工学研究科修了。工学博士（東京工業大学）。ATR 視聴覚機構研究所主任研究員、東京大学生産技術研究所客員助教授、南カリフォルニア大学客員研究員、NTT基礎研究所主幹研究員、カリフォルニア大学バークレイ校客員研究員、東京大学大学院人文社会系研究科教授などを経て、現在は筑波学院大学教授、東京大学名誉教授。著書に『視覚科学』（2010、勁草書房）、『シリーズ統合的認知』（監修・執筆、全6巻、勁草書房）、『つじつまを合わせたがる脳』（2017、岩波書店）。

マインドワンダリング
さまよう心が育む創造性

2023年12月28日　第1版第1刷発行

著　者　モシェ・バー
訳　者　横澤一彦（よこ さわ かず ひこ）
発行者　井村寿人

発行所　株式会社　勁草書房（けい そう）
112-0005 東京都文京区水道2-1-1 振替 00150-2-175253
（編集）電話 03-3815-5277／FAX 03-3814-6968
（営業）電話 03-3814-6861／FAX 03-3814-6854
堀内印刷所・松岳社

ISBN978-4-326-29937-9　Printed in Japan

＊落丁本・乱丁本はお取替いたします。
ご感想・お問い合わせは小社ホームページから
お願いいたします。

https://www.keisoshobo.co.jp

索　引

◆サ　行

◆タ　行

◆ナ　行

◆ハ　行

◆マ　行

参考文献・注

序　論

1．以下を参照。 Matthew A. Killingsworth and Daniel T. Gilbert, "A Wandering Mind Is an Unhappy Mind," *Science* (November 12, 2010): 932.
2．Moshe Bar, "Visual Objects in Context," *Nature Reviews Neuroscience* 5 (2004): 617–629, https://doi.org/10.1038/nrn1476.

第１章

1．Marcus E. Raichle, "The Brain's Default Mode Network," *Annual Review of Neuroscience* 38, no. 1 (2015): 433–447.
2．Rotem Botvinik-Nezer et al., "Variability in the Analysis of a Single Neuroimaging Dataset by Many Teams," *Nature* 582 (2020): 84–88, https://doi .org/10.1038/s41586-020-2314-9.

第２章

1．Marion Milner, *A Life of One's Own* (London: Routledge, 2011).
2．Ulric Neisser and Robert Becklen, "Selective Looking: Attending to Visually Specified Events," *Cognitive Psychology* 7, no. 4 (1975): 480–494.
3．Sarah N. Garfinkel and Hugo D. Critchley, "Threat and the Body: How the Heart Supports Fear Processing," *Trends in Cognitive Sciences* 20, no. 1 (2016): 34–46.
4．Walter A. Brown, "Placebo as a Treatment for Depression," *Neuropsychopharmacology* 10 (1994): 265–269, https://doi.org/10.1038/npp.1994.53.
5．Slavenka Kam-Hansen et al., "Altered Placebo and Drug Labeling Changes the Outcome of Episodic Migraine Attacks," *Science Translational Medicine* 6, no. 218 (2014): 218ra5.
6．Wen Ten et al., "Creativity in Children with ADHD: Effects of Medication and Comparisons with Normal Peers," *Psychiatry Research* 284 (February 2020): 112680, https://doi.org/10.1016/j.

psychres.2019.112680.

第３章

1. たとえば、前頭前野の正常な働きを妨げると、不適切なほど寛大になるなど、奇妙な結果がもたらされることがあります。Leonardo Christov-Moore et al., “Increasing Generosity by Disrupting Prefrontal Cortex,” *Social Neuroscience* 12, no. 2 (2017): 174–181, https://doi.org/10.1080/17470919.2016.1154105.
2. Esther H. H. Keulers and Lisa M. Jonkman, “Mind Wandering in Children: Examining Task-Unrelated Thoughts in Computerized Tasks and a Classroom Lesson, and the Association with Different Executive Functions,” *Journal of Experimental Child Psychology* 179 (2019): 276–290, https://doi .org/10.1016/j.jecp.2018.11.013.
3. Jerome L. Singer, *The Inner World of Daydreaming* (New York: Harper & Row, 1975).
4. Erin C. Westgate et al., “What Makes Thinking for Pleasure Pleasurable? Emotion,” advance online publication (2021), https://doi.org/10.1037/emo0000941.
5. Benjamin Baird et al., “Inspired by Distraction: Mind Wandering Facilitates Creative Incubation,” *Psychological Science* 23, no. 10 (2012): 1117–1122, https://doi.org/10.1177/0956797612446024.
6. Malia F. Mason et al., “Wandering Minds: The Default Network and Stimulus-Independent Thought,” *Science* 315, no. 5810 (2007): 393–395, https://doi.org/10.1126/science.1131295.

第４章

1. Plutarch, “*Theseus* (23.1),” Internet Classics Archive, http://classics.mit .edu/Plutarch/theseus.html.
2. フロム, E. 日高六郎（訳）（1965）. 自由からの逃走　東京創元社
3. Christopher G. Davey, Jesus Pujol, and Ben J. Harrison, “Mapping the Self in the Brain's Default Mode Network,” *NeuroImage* 132 (2016): 390–397, https://doi.org/10.1016/j.neuroimage.2016.02.022.
4. Silvio Ionta et al. “The Brain Network Reflecting Bodily Self-Consciousness: A Functional Connectivity Study,” *Social Cognitive and Affective Neuroscience* 9, no. 12 (2014): 1904–1913, https://doi.org/

10.1093/scan /nst185.

5. Aviva Berkovich-Ohana, Joseph Glicksohn, and Abraham Goldstein, "Mindfulness-Induced Changes in Gamma Band Activity: Implications for the Default Mode Network, Self-Reference and Attention," *Clinical Neurophysiology* 123, no. 4 (2012): 700–710, https://doi.org/10.1016/j.clinph.2011.07.048.
6. Ethan Kross, *Chatter: The Voice in Our Head, Why It Matters, and How to Harness It* (New York: Crown, 2021); Charles Fernyhough, *The Voices Within: The History and Science of How We Talk to Ourselves* (New York: Basic Books, 2016); Michael S. Gazzaniga, *Who's in Charge? Free Will and the Science of the Brain* (New York: HarperCollins, 2011).
7. Ben Alderson-Day and Charles Fernyhough, "Inner Speech: Development, Cognitive Functions, Phenomenology, and Neurobiology," *Psychological Bulletin* 141, no. 5 (2015): 931–965, http://dx.doi.org/10.1037/bul0000021.

第５章

1. Chet C. Sherwood, Francys Subiaul, and Tadeusz W. Zawidzki, "A Natural History of the Human Mind: Tracing Evolutionary Changes in Brain and Cognition," *Journal of Anatomy* 212, no. 4 (2008): 426–454, https://doi.org/10.1111/j.1469-7580.2008.00868.x; Louise Barrett, Peter Henzi, and Drew Rendall, "Social Brains, Simple Minds: Does Social Complexity Really Require Cognitive Complexity?," *Philosophical Transactions of the Royal Society B Biological Sciences* 362, no. 1480 (2007): 561–575, https://doi.org/10.1098/rstb.2006.1995.
2. Benjamin Baird et al., "Inspired by Distraction: Mind Wandering Facilitates Creative Incubation," *Psychological Science* 23, no. 10 (2012): 1117–1122, https://doi.org/10.1177/0956797612446024.
3. R. Nathan Spreng and Cheryl L. Grady, "Patterns of Brain Activity Supporting Autobiographical Memory, Prospection, and Theory of Mind, and Their Relationship to the Default Mode Network," *Journal of Cognitive Neuroscience* 22, no. 6 (2010): 1112–1123, https://doi.org/10.1162/jocn.2009.2128.
4. Veronica V. Galván, Rosa S. Vessal, and Matthew T. Golley, "The Effects of Cell Phone Conversations on the Attention and Memory of

Bystanders," *PLoS One* 8, no. 3 (2013): e58579, https://doi.org/10.1371/journal.pone.0058579.
5. Moshe Bar, Maital Neta, and Heather Linz, "Very First Impressions," *Emotion* 6, no. 2 (2006): 269–278, https://doi.org/10.1037/1528-3542.6.2.269.
6. Charles C. Ballew and Alexander Todorov, "Predicting Political Elections from Rapid and Unreflective Face Judgments," *Proceedings of the National Academy of Sciences* 104, no. 46 (2007): 17948–17953, https://doi.org/10 .1073/pnas.0705435104.

第6章

1. Moshe Bar and Shimon Ullman, "Spatial Context in Recognition," *Perception* 25, no. 3 (1996): 343–352, https://doi.org/10.1068/p250343.
2. Moshe Bar et al., "The Units of Thought," *Hippocampus* 17, no. 6 (2007): 420–428.
3. Lien B. Pham and Shelley E. Taylor, "From Thought to Action: Effects of Process- Versus Outcome-Based Mental Simulations on Performance," *Personality and Social Psychology Bulletin* 25, no. 2 (1999): 250–260, https://doi .org/10.1177/0146167299025002010.
4. Sonal Arora et al., "Mental Practice: Effective Stress Management Training for Novice Surgeons," *Journal of the American College of Surgeons* 212, no. 2 (2011): 225–233, https://doi.org/10.1016/j.jamcollsurg.2010.09.025.
5. A. M. Pedersen et al., "Saliva and Gastrointestinal Functions of Taste, Mastication, Swallowing and Digestion," *Oral Diseases* 8, no. 3 (2002): 117–129, https://doi.org/10.1034/j.1601-0825.2002.02851.x.

第7章

1. Moshe Bar, "The Proactive Brain: Using Analogies and Associations to Generate Predictions," *Trends in Cognitive Sciences* 11, no. 7 (2007): 280–289.
2. David Marr, *Vision: A Computational Investigation into the Human Representation and Processing of Visual Information* (San Francisco: W. H. Freeman, 1982).
3. Moshe Bar, "Visual Objects in Context," *Nature Reviews Neuroscience* 5

(2004): 617–629, https://doi.org/10.1038/nrn1476.
4. R. Schvaneveldt, D. Meyer, and C. Becker, "Lexical Ambiguity, Semantic Context, and Visual Word Recognition," *Journal of Experimental Psychology: Human Perception and Performance* 2, no. 2 (1976): 243–256, https://doi .org/10.1037/0096-1523.2.2.243.
5. Maital Neta and Paul J. Whalen, "The Primacy of Negative Interpretations When Resolving the Valence of Ambiguous Facial Expressions," *Psychological Science* 21, no. 7 (2010): 901–907, https://doi.org/10.1177/095679761 0373934.
6. Immanuel Kant, *Prolegomena to Any Future Metaphysics*, trans. James W. Ellington, 2nd ed. (Indianapolis: Hackett, 2001), §32.（カント　篠田英雄（訳）（1977）.プロレゴメナ　岩波書店）
7. R. von der Heydt, E. Peterhans, and G. Baumgartner, "Illusory Contours and Cortical Neuron Responses," *Science* 224, no. 4654 (1984): 1260–1262, https://doi.org/10.1126/science.6539501; Benjamin de Haas and Dietrich Samuel Schwarzkopf, "Spatially Selective Responses to Kanizsa and Occlusion Stimuli in Human Visual Cortex," *Scientific Reports* 8, no. 611 (2018), https://doi.org/10.1038/s41598-017-19121-z.

第8章

1. Andrea J. Stone, Images from the Underworld: Naj Tunich and the Tradition of Maya Cave Painting (Austin: University of Texas Press, 1995), 10–11.
2. Alan W. Watts, The Wisdom of Insecurity: A Message for an Age of Anxiety (New York: Pantheon Books, 1951), 102.
3. Y. Afiki and M. Bar, "Our Need for Associative Coherence," Humanities and Social Sciences Communications 7, no. 80 (2020), https://doi.org/10.1057/s41599-020-00577-w.
4. Moshe Bar and Maital Neta, "Humans Prefer Curved Visual Objects," Psychological Science 17, no. 8 (2006): 645–648, https://doi.org/10.1111/j .1467-9280.2006.01759.x.
5. Avishag Shemesh et al., "Affective Response to Architecture: Investigating Human Reaction to Spaces with Different Geometry," Architectural Science Review 60, no. 2 (2017): 116–125, https://doi.org/10.1080/00038628.2016 .1266597.

第9章

1. Moshe Bar et al., "The Units of Thought," *Hippocampus* 17, no. 6 (2007): 420–428.
2. Eiran Vadim Harel et al., "Linking Major Depression and the Neural Substrates of Associative Processing," *Cognitive, Affective & Behavioral Neuroscience* 16, no. 6 (2016): 1017–1026.
3. Wendy Treynor, Richard Gonzalez, and Susan Nolen-Hoeksema, "Rumination Reconsidered: A Psychometric Analysis," *Cognitive Therapy and Research* 27 (2003): 247–259, https://doi.org/10.1023/A:1023910315561.
4. Shira Baror and Moshe Bar, "Associative Activation and Its Relation to Exploration and Exploitation in the Brain," *Psychological Science* 27, no. 6 (2016): 776–789, https://doi.org/10.1177/0956797616634487.
5. Vadim Axelrod et al., "Increasing Propensity to Mind-Wander with Transcranial Direct Current Stimulation," *Proceedings of the National Academy of Sciences of the United States of America* 112, no. 11 (2015): 3314–3319, https://doi.org/10.1073/pnas.1421435112.
6. Malia F. Mason and Moshe Bar, "The Effect of Mental Progression on Mood," *Journal of Experimental Psychology: General* 141, no. 2 (2012): 217.
7. Emily Pronin and Daniel M. Wegner, "Manic Thinking: Independent Effects of Thought Speed and Thought Content on Mood," *Psychological Science* 17, no. 9 (2006): 807–813, https://doi.org/10.1111/j.1467-9280.2006.01786.x.
8. P. S. Eriksson et al., "Neurogenesis in the Adult Human Hippocampus," *Nature Medicine* 4 (1998): 1313–1317, https://doi.org/10.1038/3305.
9. Luca Santarelli et al., "Requirement of Hippocampal Neurogenesis for the Behavioral Effects of Antidepressants," *Science* 301, no. 5634 (2003): 805–809; Alexis S. Hill, Amar Sahay, and René Hen, "Increasing Adult Hippocampal Neurogenesis Is Sufficient to Reduce Anxiety and Depression-Like Behaviors," *Neuropsychopharmacology* 40, no. 10 (2015): 2368–2378, https://doi.org/10.1038/npp.2015.85.
10. Laura Micheli et al., "Depression and Adult Neurogenesis: Positive Effects of the Antidepressant Fluoxetine and of Physical Exercise," *Brain Research Bulletin* 143 (2018): 181–193, https://doi.org/10.1016/

j.brainresbull.2018.09.002; Savita Malhotra and Swapnajeet Sahoo, "Rebuilding the Brain with Psychotherapy," *Indian Journal of Psychiatry* 59, no. 4 (2017): 411–419, https://doi.org/10.4103/0019-5545.217299.

11. Thomas Berger et al., "Adult Hippocampal Neurogenesis in Major Depressive Disorder and Alzheimer's Disease," *Trends in Molecular Medicine* 26, no. 9 (2020): 803–818, https://doi.org/10.1016/j.molmed.2020.03.010.
12. https://jeanlouisnortier.wordpress.com/2020/05/18/word-phrase-of-the-day-with-its-origin-monday-18th-may/.

第10章

1. Britta K. Hölzel et al., "Mindfulness Practice Leads to Increases in Regional Brain Gray Matter Density," *Psychiatry Research* 191, no. 1 (2011): 36–43, https://doi.org/10.1016/j.pscychresns.2010.08.006.
2. 小泉猛・江川卓・原卓也（訳）(1978). ドストエフスキー全集6　新潮社
3. Sharon Jones, *Burn After Writing* (New York: Perigree, 2014).
4. Verónica Pérez-Rosas et al., "Deception Detection Using Real-Life Trial Data," *ICMI '15: Proceedings of the 2015 ACM on International Conference on Multimodal Interaction* (November 2015): 59–66.
5. Michael L. Slepian, Jinseok S. Chun, and Malia F. Mason, "The Experience of Secrecy," *Journal of Personality and Social Psychology* 113, no. 1 (2017): 1–33, https://doi.org/10.1037/pspa0000085.
6. Judson A. Brewer et al., "Meditation Experience Is Associated with Differences in Default Mode Network Activity and Connectivity," *Proceedings of the National Academy of Sciences* 108, no. 50 (2011): 20254–20259, https:// doi.org/10.1073/pnas.1112029108.
7. Antoine Lutz et al., "Regulation of the Neural Circuitry of Emotion by Compassion Meditation: Effects of Meditative Expertise," *PLoS One* 3, no. 3 (2008): https://doi.org/10.1371/journal.pone.0001897.
8. Richard J. Davidson et al., "Alterations in Brain and Immune Function Produced by Mindfulness Meditation," *Psychosomatic Medicine* 65, no. 4 (2003): 564–570, https://doi.org/10.1097/01.PSY.0000077505.67574.E3.

第11章

1. William Blake, *The Marriage of Heaven and Hell* (New York: Dover,

1994), 42.（寿岳文章（訳）（2013）.ブレイク詩集　岩波書店）
2. Joseph Glicksohn and Aviva Berkovich-Ohana, "Absorption, Immersion, and Consciousness," in *Video Game Play and Consciousness*, ed. Jayne Gackenbach, 83–99 (Hauppauge, NY: Nova Science, 2012).
3. A. Tellegen and G. Atkinson, "Openness to Absorbing and Self-Altering Experiences ('Absorption'), a Trait Related to Hypnotic Susceptibility," *Journal of Abnormal Psychology* 83, no. 3 (1974): 268–277, https://doi.org/10.1037/h0036681.
4. David Weibel, Bartholomäus Wissmath, and Fred W. Mast, "Immersion in Mediated Environments: The Role of Personality Traits," *Cyberpsychology, Behavior and Social Networking* 13, no. 3 (2010): 251–256, https://doi. org/10.1089/cyber.2009.0171.
5. Joseph Glicksohn, "Absorption, Hallucinations, and the Continuum Hypothesis," *Behavioral and Brain Sciences* 27, no. 6 (2004): 793–794, https://doi.org/10.1017/S0140525X04280189; Cherise Rosen et al., "Immersion in Altered Experience: An Investigation of the Relationship Between Absorption and Psychopathology," *Consciousness and Cognition* 49 (March 2017): 215–226, https://doi.org/10.1016/j.concog.2017.01.015.
6. Michiel van Elk et al., "The Neural Correlates of the Awe Experience: Reduced Default Mode Network Activity During Feelings of Awe," *Human Brain Mapping* 40, no. 12 (2019): 3561–3574, https://doi. org/10.1002/hbm.24616.
7. Mihaly Csikszentmihalyi, *Flow: The Psychology of Optimal Experience*, 6th ed. (New York: Harper & Row, 1990).
8. M. F. Kaplan and E. Singer, "Dogmatism and Sensory Alienation: An Empirical Investigation," *Journal of Consulting Psychology* 27, no. 6 (1963): 486–491, https://doi.org/10.1037/h0042057; Haylie L. Miller and Nicoleta L. Bugnariu, "Level of Immersion in Virtual Environments Impacts the Ability to Assess and Teach Social Skills in Autism Spectrum Disorder," *Cyberpsychology, Behavior and Social Networking* 19, no. 4 (2016): 246–256, https://doi.org/10.1089/cyber.2014.0682.

第12章

1. Noa Herz, Shira Baror, and Moshe Bar, "Overarching States of Mind," *Trends in Cognitive Sciences* 24, no. 3 (2020): 184–199, https://doi.org/10

.1016/j.tics.2019.12.015.

2. W. H. Murray, *The Scottish Himalayan Expedition* (London: J. M. Dent & Sons, 1951), 6–7.

3. Alexei J. Dawes et al., "A Cognitive Profile of Multi-sensory Imagery, Memory and Dreaming in Aphantasia," *Scientific Reports* 10, no. 10022 (2020), https://doi.org/10.1038/s41598-020-65705-7.

4. *My Wife and My Mother-In-Law*, by the cartoonist W. E. Hill, in *Puck*, 6. Nov 1915 (adapted from a picture going back at least to a 1888 German postcard)

5. Ernest G. Schachtel, *Metamorphosis: On the Conflict of Human Development and the Development of Creativity* (New York: Routledge, 2001).

6. Timothy D. Wilson et al., "Social Psychology. Just Think: The Challenges of the Disengaged Mind," *Science* 345, no. 6192 (2014): 75–77,

https://doi .org/10.1126/science.1250830.

7. 仏教の「虚無」の概念と混同しないように。虚無は、自己からの離脱、偏見やその他のトップダウンの知覚の歪みからの離脱に関係する。
8. ペイター, W. 富士川義之（訳）(2004）. ルネサンス——美術と詩の研究 白水社